현대적해설

萬法 靈秘豫防符籍

편저:윤재악

◈ 부적 쓰는 방식에서부터
이용방법까지 ◈

법문 북스

각 종 명 부

符開壇

神壇을 열때 符

符煙燒 式上香

物에 살고 손으로 四方에 뿌린다.

香노上에 싸는 부

燒水裡淨手 食酒四方符

水中과 扶箕間에 살고 口中에 密

四滴符는 請仙時 申良가 錢袋를 同燒한다。

각 종 명 부

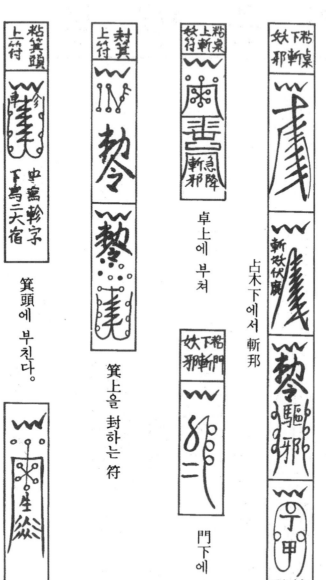

粘箕頭上符

車

虫篤蚣字

下爲二天宿

箕頭에 부친다.

封箕上符

勅令

箕上을 封하는 符

粘泉上斬邪符妖

急降斬邪

卓上에 부쳐

妖下粘邪斬桌

斬欲伏魔

勅令驅邪

占木下에서 斬邪

下桌燒

粘柱斬邪

雷

勅令

雷

柱에 부쳐 斬邪

妖下粘邪斬門

門下에 부쳐 斬邪

生㷌

각 종 명 부

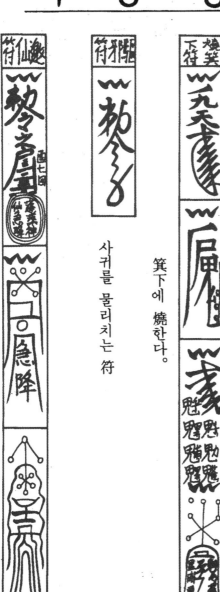

모두 신선을 마지하는 符

사귀를 물리치는 符

箕下에 燒한다.

床上에 부치고 石燒

箕에부침 石燒

각 종 명 부

여순양부

통선부

定簫符

서 두 언

현대 사회에서 부적이란 한낱 미신에 불과하다고 일축하는 사람이 많다. 즉 운명학을 미신이라 부정하는 사람에게는 그나름 대로의 철학이 있으며, 운명학을 연구하는 사람에게도 또한 철학이 있다.

우리는 현대문명사회에서 인간학에 대한 결론을 얻지못하고 있으며 인간학을 부정하지 않은 사람은 구태여 부적의 유신무신을 논할 필요가 없다고 본다.

인간은 옛부터 神을 받들며 인간으로서 도리를 다하고 착한 일을 하는것이 즉 신을 받드는 것이라 했다.

神은 곧 하늘이요. 조물주이니 하늘의 섭리는 善을 장려하고 惡을 미워하기에 하늘의 뜻을 어기지 않는 사람이 곧 神을 받드는 결과라 하겠다. 인간이 생활하며 사는 사이에 복과 행복이 오고 악과 재앙이 닥쳐 온다. 그러므로 神에게 자기의 소망을 부탁하는 것으로 山神에 기도하고 축원하여 왔다 우리 인간은 神과 대화가 되지 않는다. 고로 이 부적이 그 가교의 역활을 하였다고 본다. 神은 부적의 형태에 따라 인간이 神에게 무엇을 요구하고 있는지를 알려 인간이 그 무엇을 요구하는바를 성취하여 주고 들려주는 것이 아닌가 생각된다.

우리는 이 부적을 적시적소에 사용하여 보면 될줄 믿는다. 이번 예방부적은 현재까지 우리 주변에서 많이 사용하여 오고

있는 부적중에서 고서를 참고 간추려 펴낸것으로 가장 정확한
정서임을 자부하면서 역학을 연구하는 분만 아니라 누구나 손
쉽게 사용토록 상세히 수록하였으니 다소나마 도움이 되었으면
합니다.

丙 寅 年

尹 宰 嶽 編

一. 부적 쓰는법

1. 부적을 쓸 때는 반드시 창호지를 사용하여야 한다.
2. 부적은 경면주사를 참기름 또는 들기름에 개서 사용한다. 만약 준비가 되어있지 않을 시는 기름 중 깨끗한 것을 (식용유 등) 사용하면 된다.
3. 부적을 쓸 때는 사용방식의 설명을 상세히 읽어보고 써야 하며 한 획도 빠뜨려서는 안됨을 명심하여야 한다.
4. 규 격
   세로 14㎝정도, 가로 9㎝정도면 된다. 그러나 규격에는 한계가 없다.

二. 부적을 쓸때의 주의할점

부적을 간직코져 하는 자는 연령을 보고 天乙貴人日중에서 적합한 날을 택하여야 하며 천덕월덕이 합이되는 날을 택하던가 吉神日과 合이 되는 날을 택하여 부적을 쓰는 사람이나 소유코져 하는 사람이 모두 목욕을 하고 깨끗하고 맑은 정신으로 써야하며 소지하여야 한다.

이상 부적에 따라 주문을 읽는 경우도 있으나 마음적으로 정성을 드리면 효력이 있음을 명심하면 된다.

집 팔리게 하는 부적

徐成黃元韓南張柳申安梁蔣方杜河白
楊片慶郭盧裵文王班陰晋邵金趙朴崔兪
孔高車康劉廉朱陸洪萬固　鼎周廷火簡
曹吳呂禹奇許蘇馬魚會余千孟卞卜梅尙
魯庚龍皐弁毛也南宮皇甫鮮于東方李尹
鄭姜蔡羅愼幸丁全邊池石陳吉玉卓薛咸
具泰唐宣殷宋權閔任林嚴孫皮丘都田沈
奉明

〈설명〉

이 부적은 집이 팔리지 않을때 타 부적을 써보아도 효력이 없을때 쓰는 부적인데 매우 우수한 효과가 있다고 한다.

이 부적을 경면주사로 써서 팔고져 하는집 출입구 앞마당에 다 계란을 싸서 묻든가 현관앞에다(부적으로 생계란을 싼다) 놓고 그릇으로 덮어두면 집을 사고져 하는 사람이 모여든다. (옛날에는 현관입구나 문입구 땅에 묻는것은 집을 사려고 온 사람이 이부적을 밟으면 효력이 있다고 전하여 왔다)

※ 이 부적을 쓰는법

姓 100 자를 쓰고 나중에 숭신보호부를 써 넣으면 된다.

〈주의사항〉

姓字는 별지부적에 기재된 姓字가 아니더라도 무방함.

〈 남편바람방지부 〉

남편이 바람을 피우는것 같던가(우려가 있을때) 이
부적을 써서 남편모르게 베게 속에 넣어두면 효력을 발
생한다.
이때 부부 화합부를 같이 사용하면 더욱 좋다.

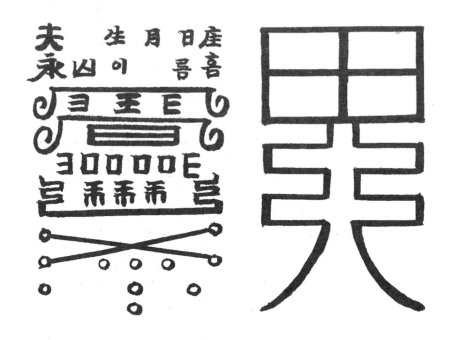

첩 떼는부적 (惡妾自退符)

본처가 첩때문에 고민할 때 쓰이는 부적인데 쥐수염 3개, 고양이수염 3개를 경면주사로 쓴 부적에다 싸서 남자 웃도리 (상의) 속주머니에 남편 모르게 넣어 두면 100 일안에 첩이 떨어진다. 만약 효력이 **없을때** 는 7일마다 다시 써서 교환하면 반드시 떨어진다.

목 차

第 一 部 靈 符

第一編 四 柱 殺

다음은 四柱·柱中에 各殺이 있던가 四柱와 대결하여 殺이 들어올때 해당 부적을 사용하기 바란다.

落井殺(낙정살)

四柱中에 또는 매년과 대결하여 이살이 들때는 물을 조심하여야 한다. 이살이 四柱에 들면 물에 빠진다는 것이다. 이살이 강할때는 우물에 빠져 생명을 잃게 된다. 이 때는 반드시 낙정부1매와 숭신부 1매를 작성하여 몸에 지니고 다니면 예방된다.

사주에 낙정살이란 다음과 같다.

甲己日生이　柱中에 巳가 있을때
乙庚日生이　柱中에 子가 있을때
丙辛日生이　柱中에 申이 있을때
丁壬日生이　柱中에 戌이 있을때
戊癸日生이　柱中에 卯가 있을때

또는 甲己日生이 巳午를 만나면 낙정살이 된다.

1. 落井殺(낙정살)

선신수호부 (善神守護符), 숭신부

이 부적은 선신수호부로 몸에 지니고 다니던가 실내에 붙여 놓으면 신령의 가호를 입어 일정하고 재수가 대길하다.

2. 埋兒殺 A (매아살)

埋兒殺 A, B (매아살) 이 四柱中에 있으면 자식을 키우기 힘들다. 혹 키운다 하여도 二十을 넘기지 못하고 잃는다는 것이다. 이런때는 매아살을 경면주사로 써서 몇년 가지고 다니면 액을 면한다.

埋兒殺 B (매아살)

勅令唵急如律令

噫急如律令鬼日月

恖疊疊日月

매아살은 아래와 같다.

子년생이 丑이 있으면
丑生이 卯가 있으면
寅生이 申이 있으면
卯生이 丑이 있으면
辰生이 卯가 있으면
巳生이 申이 있으면
午生이 丑이 있으면
未生이 卯가 있으면
申生이 申이 있으면
酉生이 丑이 있으면
戌生이 卯가 있으면
亥生이 申이 있으면

매아살에 해당 된다.

和尙殺(화상살)이란 중이 되는 팔자의 살이다. 이 살이 四柱中에 있으면 가능한 절이나 神을 모시는 장소에는 가지 않는것이 좋다고 한다.

이때 이부적 1매와 숭신부 1매를 항시 몸에 지니고 다니면 예방된다. 四柱에 子午卯酉日生이 辰戌丑未時에 출생하고, 辰戌丑未日生이 子午卯酉時에 출생하고 寅申巳亥日生이 寅申巳亥時에 출생한 자는 화상관살에 해당된다.

3. 和尙殺(화상살)

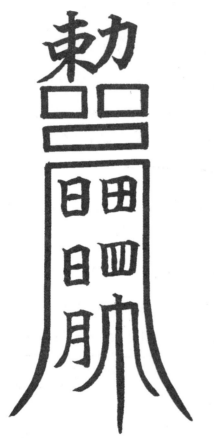

4 . 短命殺 A (단명살)

短命殺(단명살)이 四柱中에 살이 있으면 단명한다고 한다. 그러기 때문에 대부분 처음 출산하였을시에 사용을 많이한다. 이 때 이부적 1부와 숭신부 1매를 경면주사 (가능한 진하게 쓸것) 대상자가 기거하는 방 입구 부근에 붙여두고 (매년) 山神께 기도 하면 그액을 면한다 고 하는데 단명살은 다음과같다.

四柱日柱가 申子辰日生이 巳時일때 巳酉丑日生이 寅時일때 寅午戌日生이 辰時일때 癸卯未日生이 未時일때 이 살이 해당된다.

懸樑殺(현량살), 이살이 四柱 中에 있으면 또는 四柱日柱와 매년 柱와 만나던가하여 왕하여 지는 해를 만나면 순간적으로 쇽크를 받아서 자살을 한다든가, 만약 악할 경우는 심적타격을 받아 정신이상이 발생하는 경우 가 있다는 것이다. 이 때 이 부 적 1부와 숭신부 1부를 매년 몸에 지니고 다니면 액을 면한 다고 한다.

○申子辰生이 壬子時에 출생한자.
○巳酉丑生이 辛酉時에 출생한자.
○寅午戌生이 庚午時에 출생한자.
○亥卯未生이 乙卯時에 출생한자.
는 현량살에 해당된다.

5. 懸樑殺 (현량살)

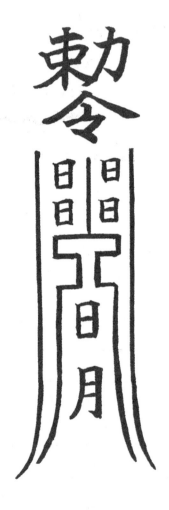

急脚殺(급각살), 四柱中에 급각살이 있으면 등산 및 낭떠러지 등을 조심하여야 한다. 즉 추락한다는 살이다. 이 때는 급각살 부적 1매와 숭신부 1매를 경면주사로 써서 몸에 지니면 凶함을 면한다. 四柱에 급각살이란

○ 甲乙日이 申酉時에 출생했을 경우

○ 丙丁日이 亥子時에 출생했을 경우

○ 戊己日이 寅卯時에 출생했을 경우

○ 壬癸日이 辰戌丑未時에 출생하면 급각살이 된다.

6 . 急脚殺 (급각살)

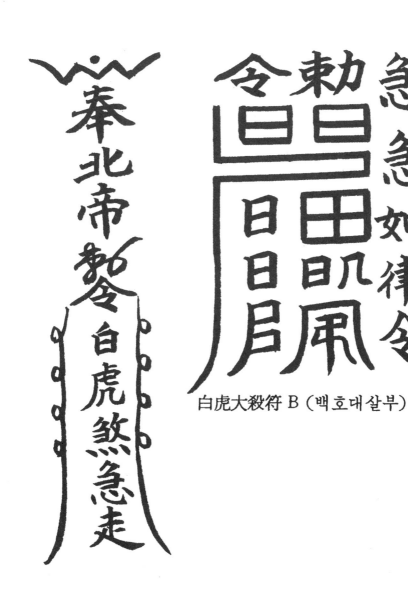

白虎大殺符 B（백호대살부）

7. 白虎大殺符 A（백호대살부）

白虎大殺(백호대살), 四柱中에 백호살이 있으면 사회적으로 관액이 자주 들어오고, 각종 재앙이 떠날 줄 모르면, 백호살이 왕하게 되면 부모가 惡死하며 부부간 이 살이 끼면 凶死하는 경우가 발생하는데 이때 백호대살부적 1매와 승신부적 1매, 재수대통부 1매를 그려 해당되는 자가 매년 몸에 지니고 다니면 자연히 이 살이 소멸하여 진다.

백호살에 해당되는 것은 다음과 같다.

甲辰, 戊辰, 丙戌, 丁丑, 癸丑, 乙未가 四柱中 어디에 있으나 백호살이 되는데, 가령 日柱에 있으면 부부가 惡死하고, 時中에 있으면 子孫이 해당되고, 年柱에 있으면 조상이 吉凶事가 발생하며 月柱에 있으면 부모 형제에게 액이 이른다.

水火殺（수화살）　四柱中
에 이 살이 있으면　몸에
흉터가 있는데 불·물 등
으로 인하여 흉터가 생기는
살이다.

　이 부적을 몸에 지니면
凶함을 면한다.

　수화살이란

　春月生이 柱中에 未·戌
이 있으면

　夏月生이 柱中에 丑·辰
이 있으면

　秋月生이 柱中에 丑·戌이 있으면

　冬月生이 柱中에 未·辰이 있으면

수화살이 된다.

8. 水火殺（수화살）

9. 四季殺 (사계살)

四季殺 (사계살) 四柱中
에 사계살이 있으면 집안
이 어수선하고 질병이 떠
날줄 모르는 살인데, 사계
부 一매 숭신부 一매를
매년 교환하여 몸에 지니
고 다니면 질병이 물러가
고 가정이 안정된다.

正, 二, 三月生이 柱中에
巳丑이 있으면,

四, 五, 六月生이 柱中에
辰申이 있으면,

七八九月生이 柱中에 亥未가 있으면,

十, 十一, 十二月生이 柱中에 寅戌이 있으면

사계살이 된다.

四柱凶殺 (사주흉살)

四柱中에 이 살이 있으면 장수하지 못하며 부모와 같이 있으면 풍파와 질병으로 생명을 단축하는 살인데 이 때는 객지생활을 하면 간혹 이살을 면하는 경우도 있으나 꼭 이 부적을 경면주사를 진하게 하여 작성하고 숭신부 一매와 같이 몸에

10. 四柱凶殺 (사주흉살)

지니고 다니면 그 액을 면한다.

　一 · 七月生이　柱中에　巳 · 亥가 있으면

　二 · 八月生이　柱中에　卯 · 酉가 있으면

　四 · 十月生이　柱中에　寅 · 申이 있으면

　五 · 十一月生이　柱中에　丑 · 未가 있으면

　六 · 十二月生이　柱中에　子 · 午가 있으면

사주흉살이 된다.

湯火殺 (탕화살)

이 살은 水火殺과 같은
데 끓는물, 기름 및 불을
조심하지 않으면 몸에 화나
상을 입는 살인데 탕화살부 1
매, 숭신부 1매 등을 경면
주사로 써서 항상 몸에
지니고 다니면 그 흉액을
면한다.

四柱中에 寅자가 있는
자가 寅申巳亥日에 출생했

11 . 湯火殺 (탕화살)

을 경우, 未자가 있는 자가 辰戌丑未日에 출생했을 경우, 午자
가 있는 자가 子午卯酉日에 출생했을 경우 탕화살에 해당한다.

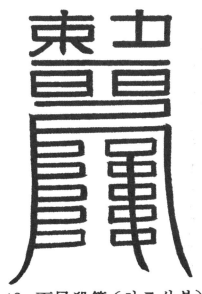

12. 天吊殺符 (천조살부)

天吊殺 (천조살)

이 살이 四柱에 있으면 부모가 일찍 돌아가신후 혼자 외로히 지내는 살인데 이때는 이 부적을 써서 몸에 항상 지니면 그 액을 면하고 吉하게 된다. 특히 매년 신수볼때 이살이 들어와 왕해지면 백발백중 액을 당한다고 하니 조심하기 바란다.

○ 申子辰日生이 柱中에 巳·午가 들어있으면

○ 巳酉丑日生이 柱中에 子·午가 들어있으면

○ 寅午戌日生이 柱中에 辰·午가 들어있으면

○ 亥卯未日生이 柱中에 午·申이 들어있으면

천조살이 된다.

白虎殺(백호살)또는 백
호관살이라고도 한다. 사주
에 백호살이 있으면 유행
병으로 생명을 잃어버리는
경우가 있으므로 이때는
백호예방부 一매, 숭신부
一매를 작성하여 몸에 지
니고 다니면 예방된다.

○ 甲乙日生이 柱中에 酉
　　가 있으면

○ 丙丁日生이 柱中에 子

13 . 白虎殺符 (백호살부)

가 있으면

○ 戊己日生이 柱中에 午가 있으면

○ 庚辛日生이 柱中에 卯가 있으면

○ 壬癸日生이 柱中에 午가 있으면 백호살에 해당된다.

飛廉殺（비염살）四柱中에 비염살이 있으면 20세를 넘기지 못하고 죽던가 정신이상이 생겨 가출하던가 하는데 이 때는 경면주사를 진하게 하여 이 부적 二매를 작성, 一매는 불에태워 먹고 一매는 몸에 깊숙히 간직하면 무사한데 매년 계속 산신기도 하면 그액을 완전히 면하게 된다.

14. 飛廉殺符（비염살부）

- 子年生이 申
- 寅年生은 戌
- 辰年生은 子
- 午年生은 寅
- 申年生은 辰
- 戌年生은 午

- 丑年生은 酉
- 卯年生은 亥
- 巳年生은 丑
- 未年生은 卯
- 酉年生은 巳
- 亥年生은 未가 있으면

비염살이 된다.

三刑 및 **六害殺**(삼형 및 육해살） 四柱에

삼형·육해살이 있으면 시비, 구설, 소송 등 관재구설이 떠날줄을 모른다. 이 때는 이부적 一매, 관재예방부 一매, 숭신부 一매, 재수대통부 一매를 경면주사로 써서 항상 몸에 지니고 다니면 그 액을 면한다.

15. 三刑六害殺符 (삼형육해살부)

ㅇ 삼형살이란

　　四柱中에　寅巳申·丑戌未·子卯·辰辰·午午·酉酉·亥亥가 있으면　三刑殺　또는　自刑殺도　된다.

ㅇ 六害殺이란

　　四柱中에　子ー未, 丑ー未, 寅ー巳, 卯ー辰, 辰ー卯, 巳ー寅, 酉ー戌, 申ー亥가　되면　육해살이　된다.

華蓋殺 (화계살)

이 살은 여자에게는 대단히 강한 살인데 四柱中에 화계살이 있으면 창녀 또는 도화살이 겹치면 화류계가 된다. 만약 그렇지 않으면 결혼을 여러번 하는 살이다. 이때는 이부적을 몸에 지니고 다녀 그살을 면하여 무방하다.

16. 華蓋殺符 (화계살부)

四柱中에 ㅇ申子辰年生이 柱中에 辰이 있으면 화계가 된다.

ㅇ 巳酉丑年生이 柱中에 丑이 있으면

ㅇ 寅午戌年生이 柱中에 戌이 있으면

ㅇ 亥卯未年生이 柱中에 未가 있으면 화계살에 해당되는데 남자에게는 그액이 해당되지 않는다.

令勅急
月罪急
月飛如
月律
令

17. 역마살부·주도살부

가지 않으며, 나간사람이 있으면 내실문위에 붙여놓으면 백일이내에 돌아온다고 한다.

四柱에 ㅇ申子辰日生이 寅이 있으면 ㅇ巳酉丑日生이 亥가 있으면

ㅇ寅午戌日生이 申이 있으면

ㅇ亥卯未日生이 巳가 있으면 주도살 또는 역마살에

해당된다.   조심할것은 남자나 여자가 외교관 또는 업무차 외국에 나가든가 여자가 직업여성이기 때문에 집을 나가든가 하는 경우가 있으니 부적을 사용할때는 반드시 심중을 기하여 사용하기 바란다.

-48-

三刑殺（삼형살）　또는
自刑殺（자형살）　四柱에
　이살이　있으면　살상, 살
인등　흉액관제구설이　떠날
줄　모른다고　하는데　이때
는　이　부적을　몸에　지니
고　사전에　예방하기　바란다.
　　四柱中에　寅巳申, 丑戌未,
子卯, 辰辰, 午午, 酉酉, 亥亥
가　三자　또는　二자가　있
으면　삼형　또는　자형살
이라고　한다.

18. 三刑殺符（삼형살부）

19. 六害殺符 (육해살부)

六害殺 (육해살)

四柱에 이살이 있으면 한 마디로 중될 팔자다. 육친의 덕이 없고 재복도 전혀 없다. 이때는 이 부적을 써서 몸에 지니면 凶함이 吉해진다고 한다.

○ 申子辰生이 卯가 있으면

○ 巳酉丑生이 子가 있으면

○ 寅午戌生이 酉가 있으면

○ 亥卯未生이 午가 있으면

○ 子=未 ○ 丑=午 ○ 寅=巳 ○ 卯=辰 ○ 申=亥

○ 酉=戌 있으면 육해살이 된다.

20. 千日殺符 (천일살부)

千日殺 (천일살)은 갓 출생한 아이가 四柱中에 이 살이 있으면 천일을 넘기기 힘든다는 살인데 이때 이 부적을 써서 아이 요에 넣어두고 산모 (어머니)는 매사에 조심하여야 되는데 특히 주의할점은 남과 시비, 고자질 또는 방아간에 가지 말아야 한다. 단 천일이 지나면 무방하다.

- 甲乙日生이 辰·午가 있으면
- 丙丁日生이 申이 있으면
- 戊己日生이 己가 있으면
- 庚辛日生이 寅이 있으면
- 壬癸日生이 丑亥가 있으면 천일살이 된다.

21. 원진살예방부 (怨嗔殺豫防符)

원진살예방부

四柱에 원진살이 있던가 부부간 또는 신수에 원진이 들어오면 경면주사로 부적을 써서 당사자의 몸에 간직하고 다니면 그액을 면한다. 단 숭신부를 꼭 같이 지니면 더욱 효력을 발생한다. (子－未, 丑－午, 寅－酉, 卯－申, 辰－亥, 巳－戌)

22. 언쟁방지부 (家禍之難符)

언쟁방지부

가정이 서로 불신하여 육친과 불화가 생기고 부부가 언쟁이 나며 자손 역시 불화로 가정이 어수선할때 이부적을 써서 집 내실 문위에 붙여 놓으면 화목해 진다.

23. 오귀화살부 (五鬼化殺符)

五鬼化殺符(오귀화살부)

여자가 四柱에 이살이 있으면 낙태·유산이 발생하기 때문에 자녀를 키우기 힘들다. 이때 경면주사로 부적을 써서 몸에 간직하고 다니면 화를 면한다. 다만 임신에서 출산할때 까지를 말한다.

24. 土皇神殺 (토황신살)

土皇神殺 (토황신살)

토황신살이 침범하면 질병과 악몽이 생겨서 어수선하게 하는데 이때 이부적을 써서 몸에 지니던가 집 내실문위에 붙여두면 예방 또는 물러간다.

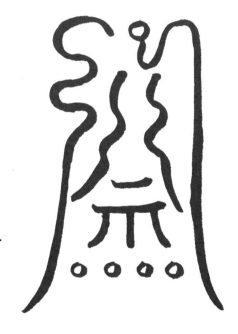

仙人符 (선인부)

道를 닦는 사람이 이부적을 지니고 있으면 쉽게 「도」를 통하게 된다.

25. 仙人符 (선인부)

26. 暗矢符 (원한방지부)

暗矢符 (원한방지부)

타인의 원한으로 본의 아니게 피해를 볼 염려가 있다고 생
각될 때 사전에 이 부적을 경면주사로 써서 몸에 간직하고 다
니면 그 액을 면한다.

면제횡부

　이 부적을 깨끗이 써서 봉안하여
북쪽으로 향하여 백일기도 하면 각
종 재앙과 횡액이 물러가고 장수
하며 행복해진다.

27.면제횡부

28.형면제부

형면제부

　억울하게 죄의 누명을 쓰고
있는 자는 이 부적을 흰종이
에 검정색으로 써서 몸에 지
니고 다니면 죄형을 면하게 된다.

罪소멸부

자기의 행동이 죄가되고 타인에
게 침해된 것으로 생각되면 이부
적을 몸에 지니고 산신님께 기도
하면 모든 잘못됨이 소멸해진다.

29. 죄소멸부

招九靈三精符 (초구령삼정부)

이 부적을 몸에 간직하고 경
문을 외우면 번영과 장생하는
부적이다.

30. 招九靈三精符 (초구령삼정부)

31. 과실관재부(官符)

官 符 (과실관재부)

뜻하지 않은 과실 또는 동료의 과실로 인하여 관재구설이
발생하여 정신적 타격을 받을때 이 부적을 경면주사로 작성하
여 본인 또는 상대방 대상자가 각각 1장씩 몸에 지니고 다
니면 그 액을 면한다.

第二編 三災 및 官符

1. **三災豫防符(삼재예방부)**란 陰陽五行학설에 기인하여 나오는 재난구성법인데 삼재가 드는해부터 三년간은 凶운이 들어와 손재·재해·신병 등이 발생하며 모든일이 뜻대로 되는 일이 없다는 說를 말한다. 누구나 일생에 몇번석 삼재를 만나게 되는데 삼재드는 解를 기술하면

申子辰生은 寅卯辰年이 되고

巳酉丑生은 亥子丑年이 되며

寅午戌生은 申酉戌年이 되며

亥卯未生은 巳午未年이 들어오면 三災가 된다. 그러므로 삼재가 들어오면 삼재부적들 중에 마음에 드는 부적을 선택하여 (승신부 첩부)각 1매석 작성하여 몸에 지니고 다니면 액운을 면하게 된다. 또한 집안에 삼재가 들어있는 식구가 있을때는 이 부적을 그러 삼재가 든사람이 항상 사용하는 방(즉 자는 방) 바깥쪽으로 붙여 놓으면 삼재가 자연히 소멸된다고 하는데, 특히 소원성취부 난에있는 칠성부를 첨부하면 더욱 길하게 된다고 한다. 반드시 이 부적은 경면주사를 사용하여야 하며, 경면주사를 사용할때 참기름을 조금 쳐서 혼합하여 작성하기 바란다.

2. **官災(관재) 訟事(송사) 口舌(구설)예방부**

四柱에 三刑殺이 있으면 刑이 되는데

① 持勢之刑(지세지형)   寅=巳   巳=申   申=寅

② 無恩之刑(무은지형)   丑=戌   戌=未   未=丑

-60-

③　無禮之刑（무례지형）　　子＝卯　　卯＝子

④　自刑（자형）　　辰＝辰　　午＝午　　酉＝酉　　亥＝亥

〈해　설〉

①　지세지형

寅巳申이나　丑戌未가　四柱內에　三字가　모두　있으면　刑殺의 작용이　더욱　강하여　官災로　인하여　형무소　감금등　일들이　발생한다.　또한　寅巳가　柱內에　있든지　巳申이나　申寅이　있어도 殺量의　惡刑을　당하게　되는데　조금　약하다.　그리고　三支가　있는　것을　三刑殺이라고　하는데　三刑이　있는　四柱는　돌발적으로 고집을　부리고　너무　욕심을　부리다　실패하고　호언장담하다　실패하는　경우가　많다.

②　무은지형

성질이　난폭하고　남을　배신　잘하고　사람을　잘　이용한다.　년월에　刑이　있으면　부모에게　불효하며　日時에　있으면　자식이　포악하고　악처를　얻게되며　자녀의　무덕으로　일생을　보낸다.

③　무례지형

성질이　온순한점은　찾아볼　수　없다.　년에　刑殺이　있으면　조상이　감옥생활을　했으며,　月에　刑殺이　있으면　부모중　형을　당하였고,　日에　있으면　성질이　포악하여　자기처를　악하게　다스리며,　時에　있으면　자손이　죄인의　신세되어　형무소　간　사실이　있던가　불구자가　생긴다.

④　자　형

四柱內에　자형살이　있으면　자립정신이　전혀　없어　남에게　의

지하며, 年月이 자형살이 있으면 부모와 조상간의 사이가 나쁘며, 日과 時에 있으면 부자지간에 원수가 된다.

 이상과 같이 관재에 대하여 설명한 바와 같이 이런때와 年과 日과 대조하여 관재가 들어올때 관재소멸부, 도액부, 관재부, 사주령부, 능피재송지액부, 구설송사부, 소송부, 구설부, 시비부 등에서 자기에게 적당한 부적을 택하여 1매 작성하여 승사부 1매와 소원성취부 1매를 경면주사를 사용하여 작성하여 몸에 항상 지니고 다니면 凶한것을 면하고 吉하게 된다는 것이다.

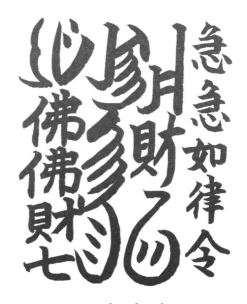

1. 원리삼재부

2. 삼 재 부

三災
消滅
符除
殺天
刑星

3 삼재 부

4. 삼재소멸부

5. 玉三災符 (옥삼재부)

이 부적은 옥추경(玉樞經)에 있는 三災符인데 반드시 해당되는 옥추경을 읽은 뒤 봉안하면 좋다.

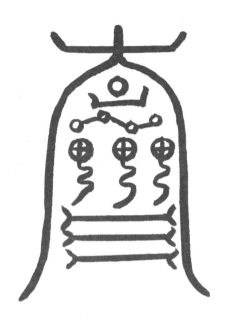

6. 中三災符 (묵은삼재부)

중삼재(中三災)란 다음과 같다.

申子辰生 ― 卯年

巳酉丑生 ― 子年

寅午戌生 ― 酉年

亥卯未生 ― 午年

7. 入三災符

（들어오는삼재부）

입삼재（入三災）
란 아래와 같다.
申子辰生－寅年
巳酉丑生－亥年
寅午戌生－申年
亥卯未生－巳年

8. 出三災符

（나가는삼재부）

출삼재（出三災）란
아래와 같다.
申子辰生－辰年
巳酉丑生－丑年
寅午戌生－戌年
亥卯未生－未年

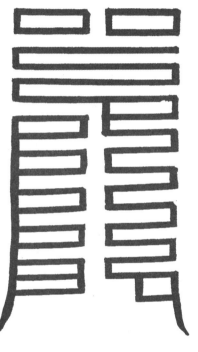

9. 신주형부

11. 도액부

10. 관재소멸부

勝屌鬼尸鬼急急如律令

（시비소멸부）

12. 관재구설소멸부

13. 소송부

14.

관

재

부

왼쪽 그림은 관재 소
멸하는 부적이다 신수를
보아 관재의 우려가 있
다고 판단되거나 현재 관
액에 걸렸을 때는 이 부
적을 사용하라.

송사(訟詞)가 생겼거나 일어
어날 우려가 있는 경우 아니
면 어떤 일에 말썽이 생겨 해
결이 잘 안되면 이 부적을 그
려 내실 문 위에 붙여두면 신
효하니라.

16. 三殺方位符(삼살방위부)

三殺方位符(삼살방위부)

　三殺방위로 이사했거나, 삼살방을 범하였을 경우 이 부적을 써서 집 네귀에 붙이면 가환이 미연에 방지된다.

17. 口舌訟事符 (구설송사부)

口舌訟事符 (구설송사부)

사업 또는 금전거래나 기타의 일로 송사가 발생하거나 구설

을 듣게 될 경우 이 부적을 써서 몸에 지니고 있으면 자신

에게 유리한 결과가 이른다.

18. 三刑六害符 (삼형육해부)

三刑 六害符 (삼형육해부)

四柱나 신수에 삼형, 육해살이 있으면 관재구설, 자살 등으로 가사가 불길하게 된다. 이 때는 경면주사로 부적을 써서 내실 문 위에 붙이던가 몸에 간직하면 그 액을 면한다.

19. 三災諸符 (삼재제부)

三災諸符 (삼재제부)

　삼재 (三災) 가 들은 사람은 누구나 이 부적을 2장을 써서
1장은 대문위나 내실 문위에 붙이고 1장은 몸에 지니고 다
니면 삼재를 면한다

20. 교통사고방지부

교통사고방지부

이 부적은 흉악한 사고를 미연에 방지하는 부적으로써 교통 사고 타인과 사비 또는 낙상(높은 곳에서 추락)등을 방지하 는 부적이다.

이때 경면주사로 작성하여 몸에 간직하고 다니면 미연에 방 지된다. 반드시 승신부 1매와 같이 지니면 더욱 안전하다.

21. 鎭輓神符 (교통사고방지부)

鎭輓神符 (교통사고예방부)

이 부적을 항상 몸에 간직하고 다니면 교통사고를 미연에 방지하며 특히 운수업을 하는 사람에게는 더욱 吉하다.

해양업에 종사하는 사람 역시 吉해진다.

第三編 財에 대한 符

사업확장부

이 부적은 사업이 부진
하며 매사에 말썽이 일어
날 때 경면주사로 작성하여
승신부 1매와 같이 사업
장에 붙여두면 자연히 손
님이 많이 모이며 말썽도
생기지 않는다.

1. 사업확장부

2. 損財防止符 (손재방지부)

이 부적은 집안에 이유 없이 손재수가 따르고 계속 우환이 발생할때 이부적 1매, 숭신부1, 만사대통부 1매를 작성하여 내실문위에 붙여두면 백일이 지난 뒤 자연 吉하여 진다.

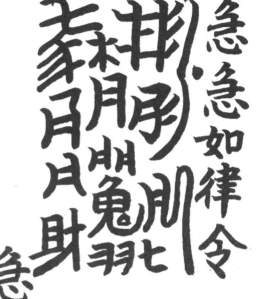

3. 胏康符 (지출방지부)

胏康符 (지출방지부)

생각지 않은 일이 발생하여 손재를 입는 경우에 이부적을 써서 집 사방에 붙여두면 자연히 吉하여진다.

損財豫防符 (손재예방부)

이 부적은 경영하는 사업이
뜻대로 되지 않고 말썽과
지출만 늘어날때 경면주사
로 작성하여 운수대통부1
매와 같이 몸에 지니고
다니면 자연히 길해진다.

4. 損財예방부 (손재예방부)

5. 財産救符 (재산구부)

財産入符 (재산입부)

사업에 실패하던가 사업
이 부진할때 이부적을 경
면주사로 써서 1장은 몸
에 지니고, 1장은 사업장
에 붙이고, 1장은 기거하
는 방문 위에 붙여두면
자연히 재산이 들어온다.

財産求符 (재산구부)

사업에 실패한 사람이
이 부적을 몸에 지니고 또
는 집 안방 문위에 붙여
놓으면 자연히 사업이 회
복된다.

6. 財産入符 (재산입부)

人德吉符（인덕길부）☞　　7．人德吉符（인덕길부）

이부적은　동업하는
자가　必要한데　동업
자와　자주　충돌하여
마음의　일치를　보지
못하였을때　쓰인다.
　　경면주사로　작성하
여　승신부와　재수대
길부　1매와　같이　몸
에　지니고　다니면　자
연　吉해진다.

財數大吉符（재수대길부）

이　부적은　사업이　부
진할때　경면주사로　작성
하여　1장은　기거하는　내
실　문위에　붙이고,　1장
은　몸에　지니고,　1장은
사업장에　붙여두면　자연
재복이　들어온다.

8．財數大吉符（재수대길부）

財數大吉符(재수대길부) ☞ ## 9. 財數大吉符 (재수대길부)

이 부적은 사업하는 사
람이 사업장에 붙여 두
는 부적인데 경면주사로
써서 숭신부와 같이 각
1 장씩 사업장에 붙여두
면 발전을 거듭한다.

☜ **만사대통부**

立春日 立春時에 이부
적을 써서 몸에 지니고
다니거나 집안에 붙여두
면 만사가 대길해진다.

10. 만사대통부

11. 招財之符 (초재지부)

招財之符 (초재지부)

경영하는 사업이 왕성하지 못할때 잘되기를 바라는 부적인데 경면주사를 사용하여 써서 사업장 문위에 1장 몸에 1장 지니고 다니면 흉한 것이 물러가고 吉하게 된다.

12. 財數之符 (재수지부)

財數之符 (재수지부)

  이사를 잘못가서 凶神이 침범하여 재수운이 막혀 모든일이 뜻대로 되는 일이 없을때는 이부적을 경면주사로 써서 대문위나 실내 문 위에 붙이면 吉해진다.

13. 虎神符 (집안안정부)

虎神符 (집안 안정부)

 집안이 이유없이 질병이 떠날줄 모르고 수족이 자유스럽지 못한 질환으로 고생하는 식구가 있을때 이 부적을 써서 실내 문위에 붙이거나 실외 문위에 붙이면 악운이 침범 하지 못한다.

第四編 소원성취부

所願(소원)성취부적

누구를 막론하고 행복하고 *"복"*된 가정을 이루기 위하여 노력하고 혹은 소원을 성취하기 위하여 기도하고 각자가 자기의 마음 정신을 집중하여 성심껏 소원을 앞당기기 위하여 노력하고 있읍니다.

우리 조상은 언젠가 부터 소원을 성취하기 위하여 노력을하며 다음과 같은 부적을 휴대하여 가지고 다니면 소원이 앞당겨 진다는 유래가 현재까지 전래되고 있다.

祿存符(녹존부)란 소원성취부적이다. 寅戌生이 몸에 지니고 다니면 소원성취한다고 한다. 반드시 이 부적을 작성할때는 숭신부(崇神符)를 같이 작성하여 휴대하기 바라며 鏡面朱砂를 사용하여야 한다.

〈寅戌生人의 符〉

1. 祿存符(녹존부)

文曲符(문곡부)란 소원성취부적 이다. 卯·酉生이 몸에 가지고 다니어야 한다. 반드시 **崇神符**를 같이 작성하여 몸에 지니고 다니면 마음먹은 대로 소원이 이루어 진다고 한다.

〈卯酉生人의 符〉

2. 文曲符 (문곡부)

廉貞符(염정부)란 소원성취부적 이다.

辰申生이 몸에 지니고 다니는 부적으로 숭신부와 같이 작성하여 휴대하며 경면주사를 사용하여야 하는데 이 부적을 지니면 자기가 원하는 소원이 이루어 진다는 부적이다. 〈申辰生人의 符〉

3. 廉貞符 (염정부)

4. 武曲符(무곡부)

武曲符(무곡부)란 소원성취부적이다.

巳未生이 숭신부와 같이 작성하여 휴대하고 다니는 부적이다. 경면주사를 사용하여야 하며 만약 없을때는 靈砂(영사)를 사용하여도 무방하다. 이경우 역시 자기가 원하는바 소원이 성취되는 부적이다.

巨門符(거문부)란 소원성취부적이다. 역시 숭신부와 같이 작성하여 몸에지니고 다니면 자기가 하고져 하는 목적을 달성할 수 있다는 부적으로 반드시 丑·亥生이 사용하여야 한다.

5. 巨門符(거문부)

破軍符(파군부)란 소원성취부적이다. 午生이 작성하여 몸에 지니고 다니면 자기의 뜻을 성취하게 된다. 반드시 숭신부와 같이 지녀야 되며 경면주사로 작성하기 바란다.

6. 破軍符(파군부)

貪狼符 (탐낭부)란 子生이 숭신부와 같이 작성하여 몸에 지니고 다니면 소원성취 한다는 부적이다.

7. 貪狼符 (탐낭부)

8. 七星符 (칠성부)

七星符 (칠성부)란 소원성취부적이다.

칠성이 北斗七星 (북두칠성)을 말하는데 이 칠성부를 몸에 지니고 다니면 凶神 (흉신)이 침범을 하지못하며 모든 재앙을 물리치고 善神이 福을 주는 역활을 한다고 하는데 이 부적은 누구나 구별없이 몸에 지니고 다녀도 무방하며, 집 안방 문위에 부착하여 놓으면 집안이 편안하고 모든 집안일이 吉하게 이루어진다는 소원성취부적이다. 역시 숭신부도 같이 작성하여 몸에 지니거나 또는 집에 부착하여야 함을 명심하기 바란다.

9. 硯台符(학업소망부)

硯台符(학업소망부)

정신집중이 되지않아 학업에 지장이 생기고 성적이 떨어질 때 이 부적을 경면주사로 써서 몸에 간직하고 있으면 정신이 맑아지며 학업성적이 좋아진다.

10. 興旺星符 (자녀양육길부)

興旺星符 (자녀양육길부)

이부적은 자녀양육이 어려운 분께서 경면주사로 작성하여 실내 문위에 붙이고 자녀 방에는 자녀가 자는 머리 벽에 붙여놓으면 자녀가 무사히 성장한다.

11. 所願符(소원부)

所願符(소원부)

이 부적을 경면주사로 써서 몸에 지니고 1장은 집 실내 문 위에 붙여놓고, 1장은 몸에 지니면 각종 살이 소멸되고 모든 일이 뜻대로 성취된다.

自移符 (자이부)

　가옥이나　토지 등이 잘 팔리도록
하는 부적인데 경면주사로 써서 내
실문위에　붙이면　소원대로　매매가
잘 된다.

12. 自移符 (자이부)

☞ 집 잘 팔리는 부

　가옥을　팔려고　해도　원매자가
없을때 이 부적을 써서 팔고져 하
는　건물　보이지　않는곳에　붙
여 두면 곧 원매자가 나타나 소원
대로　매매된다.

13. 집 잘팔리는부

14. 실물찾는부

실물찾는부

물건을 잃어버렸을때 이 부적을 써서 ○○물건 속히 나오라고 기도하면 곧 나타나거나 찾을 수 있다.

당첨소원부

경면주사로 2장써서 한장은 청결한 곳에 붙이고 한장은 몸에 지니고 추첨장소에 가면 유리하다.

15. 당첨소원부

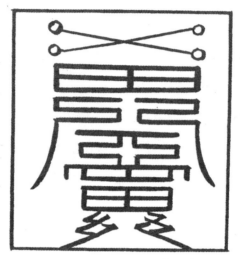

16. 所願成就符 (소원성취부)

所願成就符 (소원성취부)

소원성취부적으로 누구나 지니고 다녀도 무방하다. 반드시 승신부와 만사형통부와 같이 작성하여 몸에 각 1장씩 지니고 잠잘때 베개속에 (붉은헝겊으로 싸다) 넣고 항상 사용하면 100일 안에 소원이 이루어지기 시작한다는 것이다. 그러나 三가지 부적이외에 자기가 원하는 것에 따라 부적이 추가될 수 있음을 명심하기 바란다. 예를들면 부부가 권태기를 맞아 불화가 일어날때는 권태방지부 (倦怠防止符) 를 첨부하여야 하며, 관재구설 또는 관재가 예상될 때는 관재예방부를 첨부하여야 한다. 역시 경면주사를 사용하여야 하며 어디까지나 이부적을 쓸때는 부부합방을 피하고 목욕한 뒤 옷을 갈아입고 부정한 것을 피하여야 하며 가능한 새벽 2 ～ 3시 사이에 세수하고 정중하게 맑은정신으로 작성하여야 한다.

第五編　動土에　관한　符

1. 相冲符
（상충부）

相冲符（상충부）라함은 대부분 가옥을 수리한다던가 또는 사업장을 수리할 때 이부적을 작성하여 네 귀퉁이에 묻는다. 그러면 사업장 또는 집안의 우환이 없고 아무런 사고가 발생하지 않는다. 이 때도 승신부를 같이 경면주사로 써서 사용하기 바란다.

2. 改修豫防符(개수예방부)

改修符(개수예방부)는 신축 또는 수리 할때 쓰이는 부적 인데 신축 할때는 땅 네귀퉁에 묻고 시작할것이며, 수리할때는 역시 네귀퉁이에 묻고 수리를 하라. 특히 숭신부를 같이 쓰면 더욱 효력을 발생한다.

完工입주부

신축건물 입주부는 집을 새로 짓고 천번에 이사할 때 쓰이는 부적인데 이사 갸기전에 뒤문 위에 붙이고 이사하면 별일없이 吉해진다.

3. 完工 입주부

4. 採土豫防符 (채토예방부)

採土豫防符 (채토예방부)란 땅을 파 헤치던가 앞으로 흙을 파서 사용하고져 할때는 이곳에 숭신부와 같이 작성하여 흙속에 묻은 뒤 3일후부터 흙을 파도 동토가 나지 않는다.

入荷豫防符 (입하예방부)란 낯선 물건 (즉 옷이나 가구, 기타 중고품)이 집에 들어오면 탈이나는 것을 말하는데 이때 이 부적을 써서 그 물건이 있는 곳 오른편에 붙이면 凶을 면한다.

5. 入荷豫防符 (입화예방부)

6. 器物豫防符 (기물예방부)

器物豫防符 (기물예방부)
물건을 잘못 다루다 발생하는 사고인데 이때는 그 물건에 이 부적을 써서 붙이면 재난이 물러간다.

百事動土符 (백사동토부)
이 부적은 매사에 동토가 발생하였을 때 이집 네귀퉁이에 붙이면 凶함을 면한다.

7. 百事動土符 (백사동토부)

8. 木動符(목동부)

木動符(목동부)

　나무를 사용하다 사고 또는 기타 凶함이 일어났을때 이 부적을 작성하여 동토 난 곳에 붙여 놓으면 吉해진다.

動土豫防符(동토예방부)

　이 부적은 흙을 다루다가 사고가 발생했을때 쓰이는 부적인데 대부분 각종 공사장 및 집수리 신축등을 할때 사전예방하기 위하여 사용하는 부적으로 현장에 붙여 놓으면 凶함을 면한다.

9. 動土豫防符(동토예방부)

10. 石動豫防符 (석동예방부)

石動豫防符 (석동예방
부)

돌, 쇠 등을 다루다
가 사고가 나던가 사
전에 예방할때 사용하
는 부적인데 물건을 다
루는 곳에 붙여 놓으
면 사고는 무마되고 사
전 예방된다.

五鬼方防止符 (오귀방방
지부)

이 부적은 오귀방으로
부득히 이사갈 경우에 경
면주사로 작성하여 이사가
는 집 방문위에 붙여두
면 우환이 일어나지 않
는다. 이때 숭신부를 같
이 붙인다.

11. 五鬼方防止符 (오귀방방지부)

12. 進鬼方防止符 (진귀방방지부)

進鬼方防止符 (진귀방
방지부)

진귀방으로 이사할
때 집 문위에 붙이고 가
면 액운을 면한다.

眼損方防止符 (안손방
방지부)

안손방으로 이사가서
탈이 나면 내실 방문
위에 이 부적을 써 붙
이면 자연히 편안해
진다.

13. 眼損方防止符 (안손방방지부)

14. 부증예방부

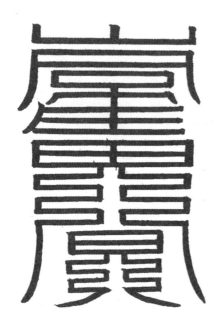

土神豫防符

방바닥, 부엌 등 흙을 함부로 다루면 동토가 나는데 집에 손재수가 오며 질병이 생기고 가정이 어수선하다. 이때는 이 부적을 고친 장소에 써서 붙이고 칠성님께 기도하면 액이 물러간다.

부증예방부

솥에서 사고가 발생하였을때 쓰이는 부적인데 이때 그 솥에 부적을 붙이면 우환이 자연히 소멸한다.

15. 土神豫防符 (토신예방부)

16. 三殺方符 (삼살방부)

三殺方符(삼살방부)는 삼살방으로 이사할 경우 또는 삼살방 쪽의 수리등 을 하였을때 동토가 나 는데 이때는 이 부적을 써서 집 네귀퉁이에 붙이 면 그 액을 면한다.

大將軍符(대장군부)는 대 장군방위에서 수리, 건축, 이사 등 또는 이미 범하 여 동토가 났을때 이 부 적을 대장군방위 쪽에 붙이 면 액을 면한다.

17. 大將軍符 (대장군부1)

18.

大
將
軍
符

2

대장군방（大將軍方）이란 아래와 같다.

亥子丑　三年間은　西方
寅卯辰　三年間은　北方
巳午未　三年間은　東方
申酉戌　三年間은　南方

이 방위를 범하여 탈이 생기거나 생길 우려가 있을 때는 위 부적을 사용하라.

집을 이사할 때 대장군방위로 이사하면 매우 흉한 방위이다. 어쩔수 없이 이 방위로 이사하고져 할때는 이사가는 집 네귀에 1장석 붙이면 미연의 악을 방지할 수 있다.

令勅急

敕急如

令急如律

如律令

오귀방위는 가장 흉한 방위이다. 이 방위로 이사하면 재해,

우환 또는 가축사육 실패 등이 발생한다. 이때는 경면주사로

부적을 작성하여 집 네귀에 묻어 두면 그 액을 면한다

20. 抹 頭 符
（상충살예방부）

（상충살예방부） 남자나 여자가 상충살이 四柱에 있거나 신
수에 살이 들어오면 사업을 하여도 풍파가 많으며 모든일
이 잘 되지 않는다. 이때 경면주사로 써서 당사자의 몸에 지
니고 다니면 살을 면한다.

喪門吊客符

(조객예방부)

勅令急急如律令

(조객예방부) 상가집을 다녀오던가 장사지내는 것 또는
상제를 보았을때 상문살이 침범하면 집안에 우환이 생기는
데 이때 경면주사로 부적 2장을 써서 1장을 불에 태워먹
고 1장은 몸에 가지고 다니면 그 액을 면한다.

22. 功德符 (공덕부)

功德符 (공덕부)

부적을 써서 정성스럽게 모시고
있으면 부귀하여지며 죽어서도 좋
은 곳으로 간다는 부적이다.

23. 장사지낸뒤 부치는부적

■ 장사지낸 후 사용하는 符

장사지낸뒤 관구에 나비나 날
짐승이 생기면 집안에 재운이 생
긴다고 하는데 이때 이 부적을
써서 기도하며 불태워 버리면 凶
한 것이 사라진다.

24.
埋
兒
符

急急如律令

勅令鬼

어린이가 사망하여 매장한 뒤 탈이 나는 경우가 있다.

이 때는 집안에 우환이 계속 발생하는데 경면주사로 이 부

적 2장을 써서 묘 앞뒤에 묻으면 무사해진다.

25.宅內百神不侵符 (댁내백신불침부)

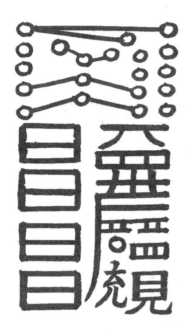

어떠한 잡귀등을 막론하고 이 부
적을 방문위에 붙이면 침범을 하
지 못한다.

이 부적을 동서남북으로 붙
여 놓으면 잡귀가 침범치 못
한다.

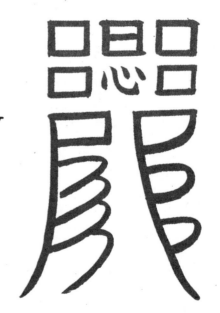

26 . 除殺符 (제살부)

27. 구 요 부

삼재팔난으로 부터 벗어나고져 할 때 이 부적을 써서 북쪽을 향하여 기도한 뒤 불에 태워 버리면 모든 액이 물러간다.

집안에 밤중에 괴상한 소리가 나던가 할 때 이 부적을 써 놓고 기도하면 자연히 없어진다.

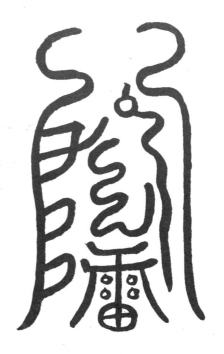

28. 요귀퇴치부

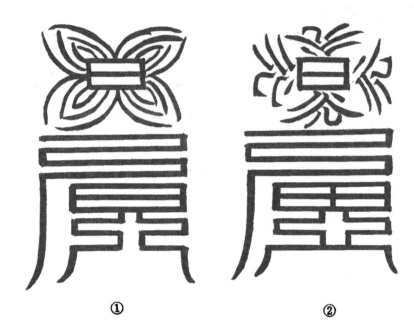

①   ②

29. 鬼 神 不 侵 符

(귀신불침부)

鬼神不侵符 (귀신불침부)

이 부적은 귀신을 침범치 못하게 하는 부적이다. ①②중
에 택하여 경면주사로 2장을 써서 대문위 또는 내실에 붙이
면 凶神이 물러가고 吉星이 들어온다.

또 몸에 지녀도 좋다.

30. 악귀 불침 부

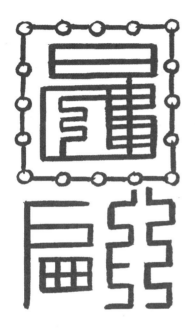

凶神이 침입하여 집안이 어수선하고 우환이 끝일 줄 모르고 손재, 상패가 생겨서 집안이 패가 망신할 지경일때 이 부적을 경면주사를 사용하여 써서 대문 위나 실내 문 위에 붙여두면 凶神이 물러 가고 吉神이 들어온다.

이 경우는 잡귀가 침범했을때 경면주사를 사용하여 2장을 써서 대문위나 내실 문 위에 붙여 놓으면 잡귀가 물러간다.

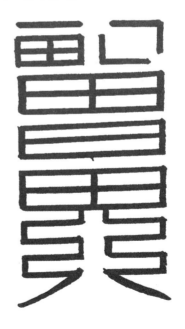

31. 雜鬼不侵符 (잡귀불침부)

이 부적을 써서 동쪽으로 뻗은 복숭아나무 가지에 매달고 경면주사로「黃白大將軍」이라 써서 옥상(지붕위)에 꽂아 두면 부부화목하여 지고 자손이 번창한다.

32. 화목창성부

이 부적을 몸에 지니면 수난(홍수), 한해 또는 수화에 대한 액을 면한다.

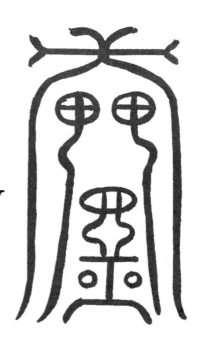

33. 수재화액부

34.
投河殺符

（투하살부）

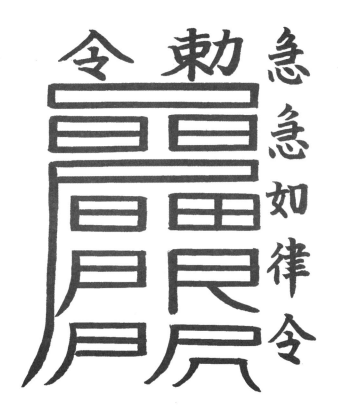

　　사주에 투하살이 있던가 신수에 있을경우 물에 몸을 던
져 자살을 기도하거나 부부간에 오해와 불신이 발생하는데 이
때는 경면주사로 부적을 써서 몸에 지니고 다니면 사전에 예
방 또는 액이 물러간다.

실족방지부

　높은 곳에서 실족 또는 낙반하거나 등산하다가 뜻하지 않

은 액을 당할 위험에 있을 때 주사로 이 부적을 써서 몸

에 간직하면 위험으로 부터 면할 수 있다.

36.

아
들
양
육
부

勅令
急急如律令

　딸이 많은 집에서 아들을 원하고 있으나 아들을 낳으면
양육하지 못하고 죽는 경우가 있다. 이때 이 부적을 경면
주사로 2매 작성하여 신생남아가 있는방 머리쪽 벽에 붙
이고 1장은 산모가 100일간 몸에 간직 하였다 태워 먹
고 다시 써서 태워먹고 하여 1년을 거듭하면 그 액을 면
한다.

37. 원 행 부

 먼곳에 여행을 떠나는 사람은 일신상의 보호를 원하므로 이 부적을 지니고 먼길을 떠나면 질병 또는 凶사의 발생을 면한다.

이 부적은 기다리고 있는 사람을 돌아오도록 하는 부인데, 먹으로 3장을 써서 1장은 입에물고 1장은 몸에 지니며, 「기다리고 있읍니다. ○○○빨리 오십시오」라고 주문을 읽으면 소식이 온다.

38. 귀 래 부

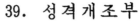

가족이나 자녀 등이 불량한 성격을 지녀 근심할 때 이 부적을 그려 그 불량한 사람의 베개나 침구속에 본인 모르게 넣어두면 차츰 개과천선 하여 좋은 성격으로 변한다고 한다. 또 자신의 나쁜 성격을 고치는데도 이용된다.

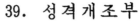

뱀 따위가 집안에 들어오면 성스럽지 못한 바 이 경우에는 이 부적을 써서 대문위에 붙여두면 자연히 없어진다.

40. 사충부

41.

家屋改修符

집을 수리하거나 신축할 때 사전에 이 부적을 경면주사로 4장을 써서 집 네귀퉁이애 붙여두고 수리, 신축하면 사고에 예방이 된다.

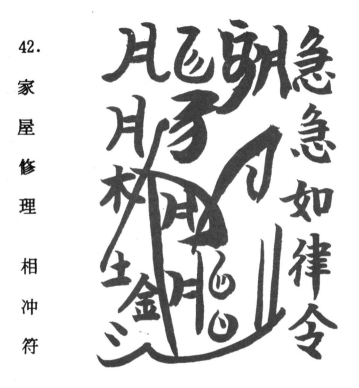

가옥을 수리하여 집안에 질병과 사고가 연발 할때는 경면주사로 이 부적을 써서 (4 장) 집안 네귀에 붙이면 자연 재앙이 물러간다.

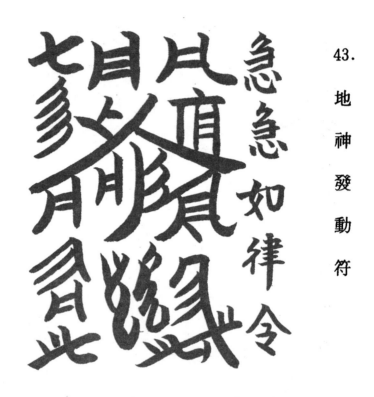

43.
地神發動符

집안에 재난이 **많거나** 지진 등이 발동하여 풍파가 심할때
이 부적을 써서 1장은 집에 붙이고 1장은 대문 앞에서
3미터 앞 지점에 묻으면 효력을 발생한다.

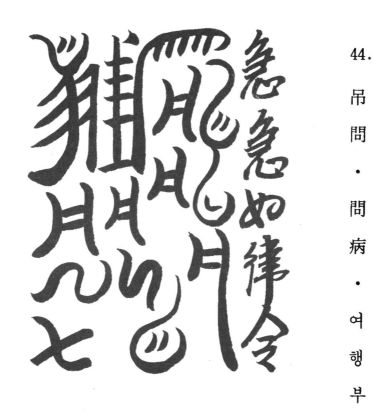

상가집, 문명 장거리 여행 등을 할때 이 부적을 몸에 간직하고 다니면 우환을 미연에 방지할 수 있다. 반드시 경면 주사로 써야 한다.

45.

硬眼符

（안손방위예방부）

안손방위예방부

이 방위（안손방위）는 凶한 방위이다. 이 방위로 이사하면 가정에 안질（눈병）이 생기거나 기타 환자가 발생하던가 한다. 이때는 이 부적을 써서 내실 문위에 1장을 붙이고 1장은 환자가 태워 먹으면 신효한다.

第六編 짐승에 대한 부

1. 야수불침부

野獸不侵符 (야수불침부)

　짐승들이 집안으로 들어올때
쓰이는 부적인데 예를 들면 뱀,
개구리 들짐승 등이 들어올때면
경면주사로 써서 문지방 위에
붙이면 사전에 예방된다.

쥐번창퇴취부

　집안에 쥐가 많으면 집안이
어수선해지므로 이때는 매년 음
력 정월달 子日 子時에 부적
을 써서 부엌 부뚜막에 놓아
두면 자연히 쥐가 물러가고 쥐
가 번식하지 못한다.

2. 쥐번창퇴치부

3. 怪物예방부

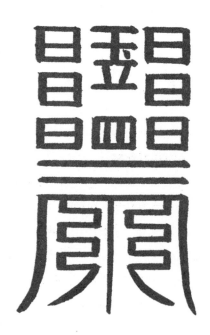

怪物豫防符 (괴물예방부)

날짐승, 벌레, 뱀,노래기 등
이 집안으로 침범할때 이 부
적을 써서 대문위에 붙이면
자연히 침범치 못한다.

飛獸不侵符 (비수불침부)

날짐승이 방안까지 침입하여
귀찮게 할때는 부적을 대문 및
방문위에 붙여두면 들어오지 못
한다.

4. 비수불침부

5. 계아압길부

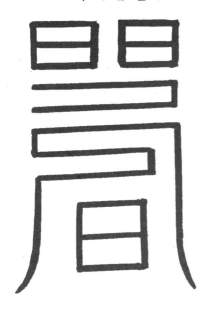

◩ **계아압길부**

가축을 기를때 이 부적을 써서 축사위에 붙이면 가축 병이 물러가고 吉하게 된다.

六畜大吉符(육축대길부)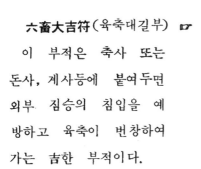

이 부적은 축사 또는 돈사, 계사등에 붙여두면 외부 짐승의 침입을 예방하고 육축이 번창하여 가는 吉한 부적이다.

6. 六畜大吉부

第七編 부 부 애 정

1.

愛情符 (애정부)

愛情符(애정부)

애정부란 부부간에 정다운 점이 없이 서로 남과 남이 처음 만난것처럼 서로 이해하지 못하여 화합이 잘되지 않을때 사용하는 부적으로 이 부적을 경면주사로 써서 화합하기를 원하는 사람이 몸에 지니고 1장은 상대방 모르게 베게 이불속 등에 넣어 두면 애정이 두터워 진다는 부적이다.

口口者
者鬼
口口口
隱急
如律
令

和合符（화합부）

화합부란 이웃과 불화하며
가정불화가 계속 일어나 끝내
는 부부이별 지경에 이르렀
을때 이 부적을 써서 이불
속에 넣고 자면 백일이 지
나면 서서히 부부화목하여
지며 이웃과도 화목해지는 부
적이다.

2. 和合符 1 (화합부)

和合符 2 (화합부)

　　和合符 (화합부)란 부부가 화목치 못할때 사용하는 부적
인데 붉은 종이에 써서 각자 1매씩 몸에 지니면 자연히
화목해 진다는 것이다.

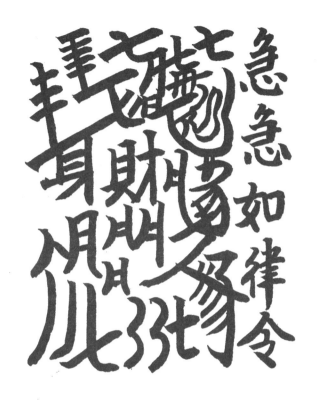

3. 夫婦身厄예 방부 (부부신액예 방부)

　夫婦身厄豫防符 (부부신액예방부)란 四柱에 부부대조하여 七殺 (官殺)이 있던가 또는 凶殺이 침범하였을때 쓰는 부적인데 이런때는 집안이 편치 못하여 질병, 구설 등이 자주 발생한다. 이 경우는 경면사주로 부적을 써서 문위에 붙이고 또 숭신부, 만사형통부도 같이 붙여두면 凶한 액이 자연히 없어지고 吉星이 들어온다.

不和防止符（불화방지부）

란 四柱에 원진살이 있을 때 쓰는 부적인데 원진살이란 이별, 사별운은 아니나 항상 서로 원망하고 불평 불만을 하는 작용을 하는 살이다. 즉 子未, 丑午, 寅酉, 卯申, 辰亥, 巳戌이 四柱중에 있으면 （年支가 未가 되고 月日時中에 子가 있을때） 항상 불평 불만이 있으며 서로 원수로 생각하고 부자간에 원수가 되고 부부간에도 마찬가지며, 사회적으로도 출세하지 못하고 일생을 불평으로 지내게 된다.

4. 不和防止符（불화방지부）

또한 부부간에 四柱月과 月을 상대시켜보고 年과年 時와時를 상대하여 보아 원진이 되면 항상 원망과 불평으로 서로 싸우니 집안이 편안할 수 없게된다. 이때 불화방지부 또는 부부불화 예방부와 숭신부를 3장을 써서 부부가 각1매를 몸에 지니고 1장은 방문에 붙여두면 백일이 되면서 부터 자연히 효력을 발생한다.

5.夫婦偕老符(부부해로부)

▚ **夫婦偕老符**(부부해로부)란 부부가 백년해로 하기 위하여 이 부적을 숭신부와 함께 2장썩 써서 베개속에 넣어두면 부부가 백년해로 한다.

除妾符(제첩부) 또는 「첩제 ☞ 거부」라고도 하는데 이 부적을 써서 남편 모르게 속주머니 또는 적당한 곳에 넣어 남편이 지니고 다니도록 하면 자연히 첩(妾)과 멀어져서 서로 헤어진다는 부적이다.

6. 除妾符 (제첩부)

7. 子孫和合符 (자손화합부)

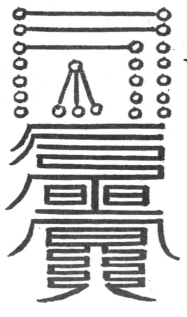

◁ 子孫和合符 (자손화합부)란 자손이 화합하고 부부와도 화목하며 장수한다는 부적인데 경면주사로 써서 문위에 매년 연속 붙여두면 효력을 발생한다는 것이다.

倦怠防止符 (권태방지부) ☞

부부가 오랜 세월이 지나면 서로 애정을 태만하게 되다보면 권태기란 기간이 있다. 그럴때면 서로 싸우며 서로 별거하는 등 여러가지 불미스러운 일이 발생할때 쓰이는 부적인데 부적을 작성하여 부부가 기거하는 방에 보이지 않는 곳에 붙여두면 백일내에 권태증이 없어지고 다시 행복한 부부생활을 누릴수 있게 된다.

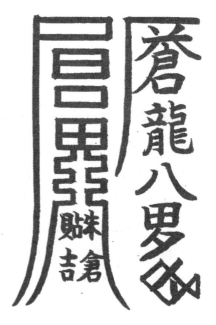

8. 권태방지부 (倦怠防止符)

閨房豫防符 (규방예방부)란 四
柱八字에(여자에 한함) 과숙살, 화계
살 등이 있을때 쓰는 부적인데
과숙살이란, 四柱年柱가 子年生이
他柱에 戌이 있을때 丑＝戌, 寅
＝丑, 卯＝丑, 辰＝丑일때 巳年柱
가 辰이 있을때 午＝辰, 未＝辰,
申＝未, 酉＝未, 戌＝未, 亥＝戌있
을때 과숙살이 된다. 과숙살이 역
마살과 같이 있으면 결혼하여 생
이별하고 과부가 되어 객지에 떠
돌아다니며 많은 남자와 연정을
맺는다는 ·살이다. 만약 여자 四
柱中에 과숙살이 있는데 男子 四
柱에도 과숙살이 있으면 서로 결
혼하면 부부가 생이별하게 되므
로 상호 불행하게 된다.

9.閨房예방부(규방예방부)

女子 子年生은 男子 戌日生을 만나지 말고
女子 丑年生은 男子 戌日生을 만나지 말것
女子 寅年生은 男子 丑日生을 만나지 말것
女子 卯年生은 男子 丑日生을 만나지 말것
女子 辰年生은 男子 丑日生을 만나지 말것
女子 巳年生은 男子 辰日生을 만나지 말것

女子 午年生은 男子 辰日生을 만나지 말것

女子 未年生은 男子 辰日生을 만나지 말것

女子 申年生은 男子 未日生을 만나지 말것

女子 酉年生은 男子 未日生을 만나지 말것

女子 戌年生은 男子 未日生을 만나지 말것

女子 亥年生은 男子 戌日生을 만나지 말것

이상과 같은 경우에 처녀가 팔자가 세게 되는데 규방예 방부를 써서 황색주머니(주사를 사용하여)에다 넣어 사용하는 방문 위에다 붙여두면 결혼하여도 凶함을 면한다는 부적이다. 이때 반듯이 애정화합부와 숭신부를 같이 사용하도록 하여야 한다.

과숙살을 간단히 소개하면 아래와 같다.

亥子丑生女 戌이 있는 경우

寅卯辰生女 丑이 있는 경우

巳午未生女 辰이 있는 경우

申酉戌生女 未이 있는 경우

合心符(합심부)， 이
부적은 부부합심되고 애
정이 두터워지는 부인데
승신부 1 매 만사 형통부
1 매와 같이 경면주사로
써서 방문위에 나란히 붙
여두면 부부금실이 매우
좋아진다고 한다.

10.

合心符 （합심부）

11. 難産符 (난산부)

🔖 難産符 (난산부)란 산모가 태아로 인하여 고통당할때 이 부적을 써서 (경면주사) 불에 태워 산모가 마시면 힘들지 않고 곧 출산 하게된다.

生子所望符 (생자소망부)란 🔖 아들이 없는 집에서 사용하는 부적인데 이때 집 울타리나 마당에 복숭아나무 가지에다 이 부적을 써서 (경면주사 사용할 것) 동쪽으로 향한 가자를 선택하여 그곳에 매여 단 다음 다시 경면주사로 黃省大將軍 (황성대장군)이라고 써서 지붕이나 옥상에 걸어 놓으면 반드시 아들을 낳는다고 하나 과연 적중하는 지는 알수 없다.

12. 生子所望符 (생자소망부)

13. 撥亂殺符 (발난살부)

▷ **撥難殺符** (발난살부)란

남편 또는 부인이 바람피울때 사용하는 부적인데 반드시 숭신부와 같이 사용하여야 한다. 이때는 이 부적을 바람피우는 사람의 베개속에 넣고 또 몸에 지니게 하는데 당사자 모르게 부적을 지니도록 하면 백일 이내에 바람기가 없어진다.

求子遜符 (구자손부)

이 부적은 자손이 없는 사람에게 해당되는 부적인데 부부가 합방하는 방문 위에 1장 이불이나 요속에 넣고 자면 효력이 발생한다.

14. 求子孫符 (구자손부)

15. 情通符 (정통부)

尸田鬼 日日急如律令 唸急如律令

情通符 (정통부)

「소원성취부」로도 쓰인다.
이 부적은 상대방과 정을 통
하고져 할때 상대방 모르게
정통부 1 매 숭신부 1 매를 써
서 상대방 베개속에 넣으면
자연히 소원을 성취하게 된
다.

16 . 九女星殺符 (구녀성살부)

九内星殺符 (구녀성살부) 아들을 낳으면 양육하기 힘들때
거나 딸만 계속 낳을때 쓰는 부적인데 경면주사로 부적을 써서
부인 몸에 지니고 다니면 아들을 낳아 양육을 잘 한다고 한
다. 이때는 생자부와 같이 하면 사용하면 더욱 吉하다.

17. 狐狸殺符 (호리살부)

狐狸殺符 (호리살 또는 원진살)이라고 하는데 사주또는 매년 신수에 원진살이 오면 하고 져하는 일이 뜻대로 되지 않고 부부가 이별하게 되며, 직장인은 직장을 버리게 되는 아주 凶한 살이다. 이 원진살은 子=未, 丑=午, 寅=酉, 卯=申, 辰=亥, 巳=戌이 되면 원진살이 된다. 즉 年支가 未가 되고

月日時中에 子가 있으면 항상 불평 불만이 떠날줄을 모르고 子가 未를 원수로 만드는 凶살이 된다. 이런 때에는 호리살부를 이별수에 해당되는 사람에게 경면주사로 써서 당사자의 몸에 항상 가지고 다니면 이 살을 면하게 된다. 이경우 역시 숭신부와 후연부를 같이 지니고 다니면 길하게 된다.

18. 必願符 (필원부)

尸田鬼隐急如律令
日月月

必願符 (필원부)

소원성취부도 된다. 이 부적은
자기가 마음에 드는 상대방과 사
랑을 성공 시키려고 할때 쓰는
부적인데 숭신부와 같이 경면주
사로 써서 몸에 간직하면 된다.
특히 목에 달고 다니면 더욱 효
력을 발생한다.

19. 因緣符 (인연부)

因緣符 (인연부) 남자는 여자의 인연이 없는 경우 여자는 남자의 인연이 없을때 좋은 배필을 만나기 위한 부적인데 숭신부 1 매 인연부 1 매를 작성하여 붉은 주머니에다 넣어 가지고 다니면 자연히 좋은 배필이 생긴다. 지니고 다니는 날부터 백일안에 생기지 않으면 다시 써서 가지고 다니면 꼭 성공하리라.

20. 良緣符 (양연부)

良緣符 (양연부) 남자는 여자의 인연이 없는 경우 여자는 남자의 인연이 없을때 좋은 배필을 만나기 위한 부적인데 숭신부 1매 인연부 1매를 작성하여 붉은 주머니에다 넣어 가지고 다니면 자연히 좋은 배필이 생긴다. 지니고 다니는 날부터 백일안에 생기지 않으면 다시 써서 가지고 다니면 꼭 성공하리라.

21. 因緣符 (인연부)

因緣符 (인연부) 남자는 여자의 인연이 없는 경우 여자는 남자의 인연이 없을때 좋은 배필을 만나기 위한 부적인데 숭신부 1 매 인연부 1 매를 작성하여 붉은 주머니에다 넣어 가지고 다니면 자연히 좋은 배필이 생긴다. 지니고 다니는 날부터 백일안에 생기지 않으면 다시 써서 가지고 다니면 꼭 성공하리라

22. 厚緣符(후연부)

月朋朋
晶晶品
弓弓弓
叩吕隐
如ヨ急
夫如如
和具律
具日令
日月
月

厚緣符(후연부) 이 부적은 부부 관계가 서먹 서먹하던가 친구사이가 금이갈때 쓰는 부적인데 각자 1매썩 몸에 지니던가 부부관계에 있어서는 방문위에 붙여 놓으면 모든것이 뜻대로 이루어 진다.

23. 和合符 (화합부)

和合
仙師勅令
和合永遠相思愛善基罡
和男姓名　年月日時
順女姓名　年月日時

和合符 (화합부)

이 부적은 상대방과 교재중 애로가 있던가 짝사랑하는 경우던가 상대방이 멀어질때 쓰는 부적인데 반드시 노란색 종이에다 상대방의 생년월일시와 성명을 써서 (본인동일) 본인 (사용하는자)의 출생시간에 몸을 깨끗이하고 새옷 갈아입고 정좌하여 마음속으로 자기 이름과 상대방의 이름을 외우며 화합을 기원하는 기도를 올리고 소각시켜 버리면 백일 이내에 성공하리라.

24. 胎血出符 (태혈출부)

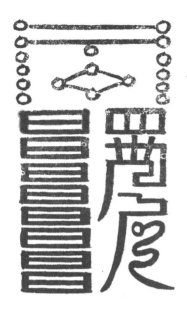

산모가 아이는 순산하고 태
가 나오지 않아서 고통을 당
할때 이 부적을 경면주사로
작성하여 불에 태워 먹으면
태가 순하게 나온다.

산모의 아기가 거꾸로 나올때 이
부적을 경면주사로 작성하여 아궁이
밑에서 흙 한돈중 가량을 물에 끓
여 부적을 태워 물과같이 먹으면 순
산한다. 그리고 이 부적을 써 태우
고 막걸리에 탄다음, 부엌칼을 불에
달구어 막걸리에 담갔다가 식혀서 마
시면 순산한다.

25. 橫生倒産符 (횡생도산부)

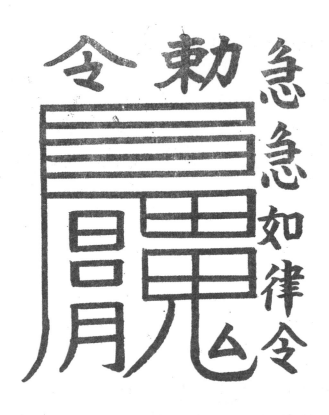

26. 男女間에 서로 바람이 났을때 방지부

　남녀가 서로 모르게 바람이 나서 외박을 자주 할때 이
부적을 경면주사로 써서 당사자 모르게 몸에 숨겨 넣든가
당사자가 베고 자는 베개속에 넣어두면 자연히 바람이 잔다.

27. 夫婦不和符 (부부불화예방부)

부부중 한명이라도 원진살 또는 상충살이 있으면 서로 원
만치 못하여 가정불화가 끝일줄 모른다. 이때 이 부적을 써
서 각자 1매씩 또는 부부가 기거하는 내실문위에 붙여 놓
으면 행복해진다.

28. 家和不利符 (가화불리부)

가정에 불화가 일어나고 土木神이 발동하여 일어나는 현상일때는 부적을 써서 실내에 붙여두면 화재, 도난, 불화등이 물러간다.

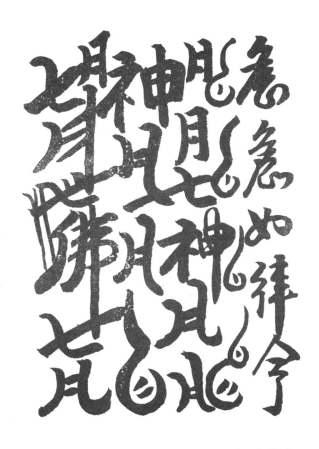

29. 家運不和符 (가운불화부)

가정에 불화가 생기거나 질환이 발생하며, 모든일이 뜻대로 되지 않고 있는 현상이다. 이때 집안식구중에 칠살이 침범하여 가운이 불길한 현상이니, 경면주사로 부적을 써서 집안에 붙여 놓으면 자연히 화목하고 길해진다.

30. 家和不利符 (가화불리부)

　현재까지　가정불화부를　소개한　바　있다.　그　부적으로도　효
력이　없을때는　최후의　부적으로　이　부적을　사용하면　효력
을　발생한다.　그러나　이　부적은　타부적을　사용후　최후로　사
용할것을　다시　강조한다.

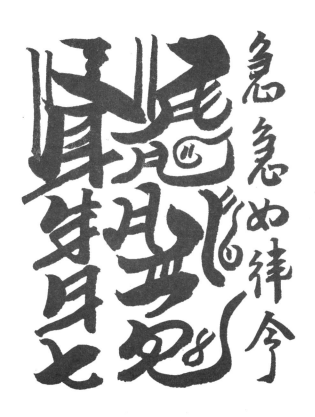

31. 家運不利符 (가운불리부)

가운이 발동 가환, 불화, 탄식, 재난으로 집안에 불화가 많이 발생할때 타부적으로 효력이 없을때는 이 부적을 써서 실내 문위에 붙이면 吉해진다.

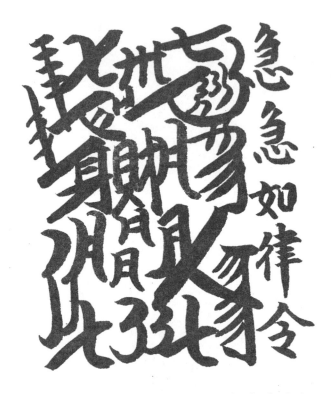

32. 夫婦身厄符 (부부신액부)

부부에 七殺이 들어오면 서로 다투고 손재, 우환등이 발생한다. 이때 경면주사로 부적을 써서 내실 문위에 붙여두면 해소된다.

33. 六親不和(육친불화)符

　친척과 집안 사람들이 서로 화목하지 못하고 언쟁등이 발
생하던가 가축 사육이 실패를 거듭할때는 이 부적을 써서
실내 문위에 붙이면 더욱 吉하게 된다. 특히 사업장에는 사
업장 문위에 붙인다.

34. 六親不和符 (육친불화부)

친척간의 불화, 처자와 불화, 형제간의 불화 등이 발생하여 손재가 오고 매사에 부진할때 경면주사로 이 부적을 써서 집 내실에 붙여 놓으면 화목해진다.

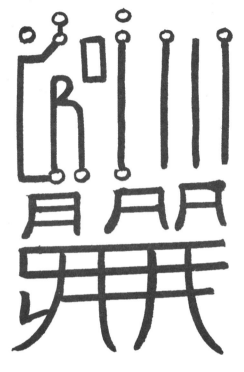

35. 不和防止符 (불화방지부)

부부가 자주 싸움이 잦으면 서로 화목치 못
하며 가정이 어수선할때 이 부적을 경면주사로
써서 기거하는 방문위에 붙이고 1장을 여자 몸
에 간직하고 다니면 백일 이내에 효력을 발생
한다.

36. 치백사부

이 부적을 항상 몸에 지니
고 다니면 모든일이 뜻대로 이
루어지는 부적이다.

이 부적을 쏜곳 옆에다
자기가 존경받고 싶을때 상
대방의 성명과 기도를 하면
자기가 존경을 받게된다.

37. 애 경 부

38.

（인지유덕부）

人
之
有
德
符

동업 또는 단독으로 사업을 할때 매사가 여의하지 못하
여 구설이 많이 발생하고 재복이 없어 허둥지둥 할때에 이
부적을 경면주사로 써서 몸에 간직하면 매우 호전된다.

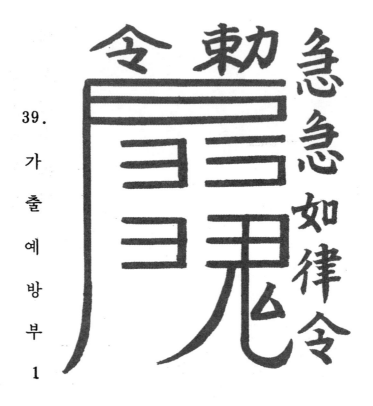

39.

가출예방부

1

四柱에 미혼살이 있던가 신수에 있을때는 재난, 유혹으로 가출하는 살인데, 이때는 경면주사로 이 부적을 써서 당사자 모르게 몸에 간직하도록 하고 베개에 넣어두면 자연히 유혹에서 벗어난다.

40. 가출방지부 2 (走跳符)

　　가족중에서 자주 가출하거나 또는 행방불명이 되거나 하는 사람이 있거나, 또는 가능성있으면 이 부적을 경면주사로 써서 내실 문위에 붙이면 미가출자는 안정되고, 가출한자는 돌아온다. 이때 장본인이 사용하던 방위에 붙인다.

41.

游

魂

符

勅令急急如律令

미성년자가 본의아닌 타인의 유혹에 빠져 가출 또는 방탕 행위가 발생하였을때 이 부적을 경면주사로 써서 실내 문위에 붙이고 1장은 본인의 몸에 간직하면 화를 면한다.

第八編 病治療부적

1. 病治療符 (병치료부) 1

⊓ 病治療符 (병치료부) 1.
질병으로 고생하는 경우는 이
부적을 경면주사로 써서 다음
아침 동녘이 밝기전에 집안
마당이나 또는 집안에서 정
좌하고 동쪽으로 향하여 기
도하고 나서 부적을 불에 태
워 마시면 회복되기 시작한
다.

病治療符 (병치료부) 2. ◪
질병으로 고생하는 경우
에 치료를 거듭하여도 효
력이 나타나지 않을 때
는 이 부적을 써서 날
이 밝기전에 불에 태워
먹으면 약의 효력이 발
생한다고 한다.

2. 病治療符 (병치료부) 2

3. 藥力符 (약력부) 1

🔹 藥力符 (약력부) 1.

이 부적은 약의 효력이 없을때 쓰이는 부적인데 밤 12시부터 1시 사이에 쓰는데 반드시 경면주사로 만들어 그 자리에 놓아두었다 가 아침 해솟을때 태워서 먹으면 효력을 발생한다.

藥力符 (약력부) 2. ☞

이 부적은 약효가 없을때 경면주사로 써서 아침 해솟을때 불에 태워 마시면 효력을 발생한다고 하는데 3일간격으로 3번을 계속하여한다. 단한번에 써서는 절대로 안된다.

4. 藥力符 (약력부) 2

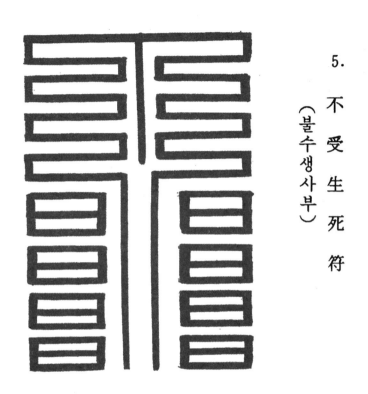

5.
不 受 生 死 符
(불수생사부)

不受生死符 (불 수 생 사 부)

이 부적은 환자가 원인모르게 의식을 잃고 있을때 또는 전신마비 증세를 일으킬때 쓰는 부적인데 사람의 생명이 위험할때 이 부적을 경면주사로 가능한 많이 (많은수량) 혼합하여 부적을 작성하여 불에 태워 물에 타서 마시게 한다. 곧 회복한다고 한다.

唵佛雷雷雷雷勅令

統治百病符 (통치백병부)

이 부적은 병든 사람이 치
료하기 위하여 약을 먹을때 또
는 약을 먹은후에 이 부적을

6. 경면주사로 써서 불에 태워 물
로 마시면 효력을 발생한다.

統 특히 약을 복용할때 그 부적
治 태운것을 곁들여 약을 복용하
百 면 더욱 좋다고 한다.
病
符

（
통
치
백
병
부
）

7 . 항문치료부 ＡＢ

대변이 정상적
이지 못하여 설
사 또는 변비등
으로 고생할때 이
부적을 태운재와
회향을 갈아 재
와 혼합하여 복
용하면 완치된다.

A   B

8 . 눈보호부 Ａ Ｂ

부적을 태
워 구기자 一
돈쭝 다린물
과 마신다.

청티가 끼어 있을
때는 천궁을 다린
물과 같이 혼합하
여 마신다.

9. 소변통리치료부

　소변이　시원하게　나오지　않을때　차 🖛
전자　二돈중을　다린물과　부적을　태운
재와　혼합하여　공복에　마시면　효과가
크다.

🖙　목향　한돈중과　황
금　백작약등을　다린
물과　부적　태운　재
를　혼합하여　마시면
설사가　멈추어진다.

10. 설사치료부

11 . 간질치료부

간질 환자는 근본적으로 부적으로 치료는 불가능하다. 그러나 잠깐동안 중지시킬수 있다. 산조인탕에다 부적을 태워서 같이 복용하면 멈추어 진다고 한다.

上 동일하다.

12 . 중풍방지부

이 부적을 3장을 써서 불에 태워 생
강즙 3잔을 만들어 재와 합해서 아침,
점심, 저녁 세끼로 나누어 마시면 효과
가 있다.

경면주사로 부적을 써서 불에 태워 하
루에 3번 아침, 점심, 저녁으로 나누어 부
적의 글자 1자씩 잘라서 생강물에 타서 복
용하면 효력이 있다.

13 . 口吐方止符 (구토방지부)

14 . 위통치료부

位 위통이 일어날때 부적을 써서 불
에 태운다. 다음 향부자 一돈중을 다
린물로 태운 부적을 넣어 마시면 효력을
발생한다.

배속이 아프거나 헛배가 불러와 ☞
거북할때 이 부적을 써 태운재와
당귀 二돈중을 다린물에 섞어 마
시면 효과가 있다.

15 . 헛배부름치료부

16. 복통부 Ａ Ｂ

이유없이 가슴이 아프고 복통이 날때 부적 태운재와 오수유, 칠곡 각二돈을 삶아 같이 먹으면 복통이 없어진다.

복통이 심할때 이 부적을 태워서 마시면 효과있다.

숨이 차고 기침이나 담이 자주 올때
이 부적을 경면주사로 써서 무우즙과 같
이 (부적은 불에 태워 재를 만든다.)
마시면 효과가 있다.

17 . 기침치료부

숨이 차고 배가 아픈 증세가 자
주 일어나면 부적을 써서 불에 태
워서 관동화 ─돈을 다린물과 같이
먹으면 빨리 회복된다.

18 . 숨찬병치료부

19. 입소풍담부

풍습이 있어 밥맛이 없고 손과 정신이 없어지며 간질 환자처럼 그런 때에 부적을 써서 태우고 생포도즙과 같이 하루에 세번을 복용하면 매우 좋아진다.

20. 냉습이 많을때

부적을 태우고 시호 한돈중을 다린물과 같이 먹으면 매우 효과가 있다.

21. 종기치료부

얼굴에 종기가 나거나 또는 습진 같은 것이 났을때 부적을 불에 태우고 조개껍질을 가루로 만들어 식초에 개어서 같이 혼합하여 종기에 바르면 효과있다.

22. 영풍치료부

▣ 이 부적은 오래동안 눈물을 흘렸을때 쓰는 부적인데 부적 재를 만들고 숙지황 조금을 다린 물과 같이 먹으면 낫는다.

▣ ## 23. 종환치료부

무릎에 종기가 나 매우 심할 때 자금정을 물에 축여 숫돌에 갈아 부적의 재와 혼합하여 상처에 붙이면 완치된다.

24. 퇴경치료부

▣ 종기가 독이 올랐을때 봉선화 잎과 구기자 잎을 진하게 다려 부적의 재와 혼합하여 환부에 바를때 생강으로 환부를 깨끗하게 닦아낸 다음 바르면 빨리 회복된다.

25. 개에 물린데 치료부

개에 물리면 개의 머리털을 조금 깍아서 불에 태우고 부적 1장을 태워 물린 부위를 깨끗이 씻고 한장은 불에 태워 살구씨와 같이 빻아서 환부에 바른다.

26. 벌레에 물린데 치료부

독벌레에 물렸을때는 부적을 써서 불에 태워 진흙과 섞어 바르면 곧 회복된다.

27. 독사에 물린데 치료부

이 부적을 경면주사로 써서 불에 태우되 물린자국 있는곳에 연기를 쏘이면 독이 제거된다.

28. 음낭종기 치료부

음낭의 종기란 환부가 팽창되고
고통이 따른다. 이때는 목화씨를 다린
물과 부적을 태운물과 혼합하여 환
부를 씻으면 완치된다.

29. 발의 종기치료부

발바닥 밑에 종기가 났을때 부적
을 불에 태워 씻으면 완쾌된다.
(반드시 경면주사)

30. 유주치료부

유주병은 이 부적을 경면주사로 써
서 태우고 재를 밥물에 섞어서 복
용하면 효력이 있다.

31. 인중종환치료부

인중에 종기가 나서 고생할때 부적을 불태운 재와 생포황마유를 개서 환부에 붙인다.

32. 압상치료부

물건에 깔려 중상을 입었을때는 부위에 이 부적을 태워 소주에 혼합하여 상처에 바르면 빠른 속도로 완치된다.

33. 설창독치료부

혀 바닥에 종기가 생겼을때 오수유 한돈쭝을 갈아서 부적 태운 재와 혼합하여 식초에 개어서 환부에 바르면 효력이 있다.

34.

夜啼符

（유아경기 방지부）

　　신생아가　한밤중에　깜짝　놀라며　울때　경면주사로　써서　어
머니　몸에　간직한　다음　하루밤을　지나서　불에　태워　먹이
면　효력을　발생한다.

　유아가 젖을 먹지않고 보채든가 먹은것을 토하든가 하는
경우가 있다. 이 증상이 일어나면 경면주사로 부적을 써서
하루밤 몸에 지니고 자고 다음날 불에 태워 먹이면 자연
히 그 증상이 없어진다.

36.

血氣符

(허약예방부)

　　몸이 허약하여 모든일이 의욕이 없어지고 잠만 잘려고 할
때 이 부적을 써서 1장은 몸에 간직하고 1장은 불에 태
워 먹이면 약효를 본다. 반드시 경면주사를 사용하기 바란
다.

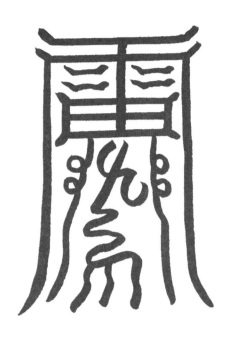

이 부적을 써서 몸에 지니
고 다니면 모든 재앙과 각종
질병이 예방 치료된다.

38. 고질부

37. 病治百符 (병치백부)

환자가 투약하여도 병이 완
치되지 않고 있을때 이 부적
을 환자 머리앞 벽에 붙이고
기도하고 불태워 버리면 자연
히 완쾌된다.

39.

氣勞符

（환자회복부）

원인모르게 쇄약하여 항시 모든일이 의욕이 떨어지고 어떠한 약을 복용하여도 효력이 없으며 계속 몸이 허약할때 경면주사로 2매를 작성하여 1매는 불에 태워 먹고 1매는 몸에 갖고 다니면 자연히 건강을 되찾게 된다.

40.

治百病符

（외과·내과환자부）

　　외과 내과 환자가 치료를 하여도 완치되지 않고 계속 악
화될때 이 부적을 몸에 간직하였다가 1일이 지난 뒤 불
에 태워 약과 같이 먹으면 효력을 발생한다.

선조의 객사등으로 원인이 되어 임산부의 충격으로 낙태
사산이 있는 사람은 차후 임신후 사전에 예방할때는 임신
초기부터 부적을 작성하여 출산때까지 몸에 간직하면 액운
을 면한다.

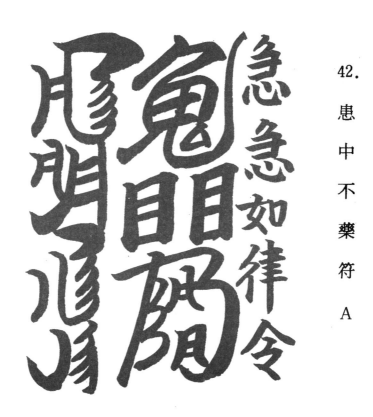

　환자에게　투약하여도　효력이　나지않고　오래동안　고생할때
경면주사로　이　부적을　써서　하루밤　몸에　지니고　자고나서
간직한　시간에　불에　태워　투약과　같이　복용하면　　약효가
잘　발생한다.

43.

患中不藥符 B

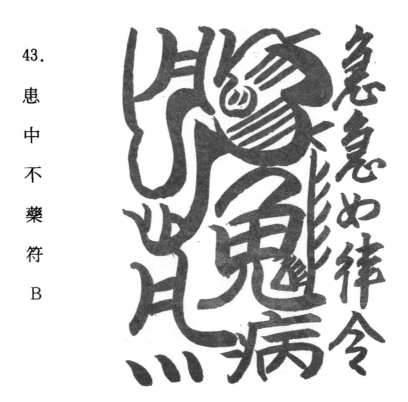

　환자의 병이 지속적으로 계속되며 모든 약을 복용해서도 효력이 없어 고생할때 이 부적을 2일간에계속하여 매일 1장을 써서 몸에 간직하고 하루를 지나 간직한 시간이 돌아오면 불에 태워 먹는다. 계속 2일간 하면 약효가 발생한다.　단 반드시 경면주사로 써야한다.

44.

病
治
百
事
符

（치료부）

　환자가 원인모르게 고통을 당하고 투약하여도 효과가 없
을때 이 부적을 경면주사로 써서 불에 태워 먹으면 자연
히 약효과를 본다.

45. 三十日病符筰 (삼십일병부적)

이 부적은 어떠한 질병이 발생하였더라도 병이 발생한 날짜를 안후 그날짜에 해당되는 부적을 경면주사로 써서 사용하면 효력을 발생한다.

먼저 부적을 제작할때 기도하여야 하는데 다음과 같이 한다.

◎ 고치삼통하고 정한수(냉수)를 한모금 입에 물고 동방(동쪽)을 향하여 뿜은 뒤 또는 정한수(냉수한그릇) 떠놓고 동쪽을 향하여 재배한다음 다음과 같이 주문을 외운다.

주문 : 질출혁혁양양, 일출동방, 오직차부 보세보살 구토삼매 지화 복비문읍 지광착괴사 천봉역사 파질용 예적금강 항복요괴 화위일상 급급여율령, 사하바를 3번 진언한다.

※ 고치삼통(叩齒三通)이란 이 치아를 세번 딱딱 마주치는 것을 말함.

一日病符

初一日符 (一日得病에 방법)

이 병은 東南路上에서 얻은 병이다. 객혼이 침범하여 두통 한 열을 일으킨다. 음식을 준비하여 東南쪽으로 40보를 세어서 그곳에 음식을 놓고 주문을 읽고 병 퇴치하고 이 부적을 써서 몸을 지녀야 한다.

初二日符（二日病符）

　춥고　열이　있고　구토가
난다.　이　병은　근친혼이
동하여　오는　병이다.　부
적 3매를　작성하여　동남쪽
삼십보가서　1매를　버리고
1매는　불살라　마시고　1
매는　실내　문위에　붙여두
면　자연히　회복된다.

二日病符

初三日病（三日符）

　북쪽에서　얻은　병이다.
북쪽을　향하여　기도하라.
부적을　태워　마시고　1매
는　북쪽벽에　붙이면　자연
히　퇴치된다.

三日病符

初四日病（四日符）

　동북쪽에서 얻은 병이다.
두통 광란을 일으킨다. 동
북쪽으로 오십보 가서 퇴
송 주문을 3번 외우고 부
적 2장을 써서 1장은 불
태워 마시고 1장은 문위
에 붙여두면 길하게 된다.

四日病符

五日病符

初五日病（五日符）

木神의 탈이당 東北쪽으로 삼십보 나가 퇴송 주문을 외우고 남쪽에서 탈이 났으니 3장을 써서 남북쪽에 각각 부치고 1장은 불에 태워 먹으면 완쾌해진다.

六日病符

初六日病 (六日符)

木神의 탈이 났다. 머리 통증 사지가 쑤시는 몸살 이다. 부적 1장을 써서 방 문위에 붙이고 동쪽으로 사 십보나가 퇴송 주문을 외 우면 자연히 완쾌되리라.

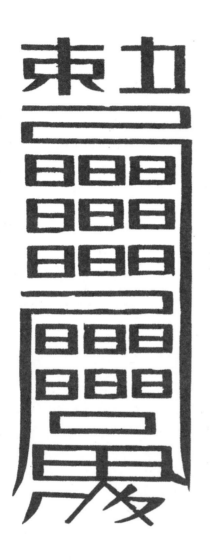

七日病符

初七日病（七日符）

　土地家神이　발동했다. 老
母의　鬼도　왔다. 구토, 한
기가　돈다. 동북쪽　삼십보
나가　퇴송　주문을　외우고
부적 2매를　써서　1매는 태
워　먹고　1매는　거처하는
방문위에　붙여두면　자연히
병이　물러간다.

八日病符

初八日病（八日符）

　四肢無力하고　설사가　난
다.　입맛이　없어지고　열이
난다.　土神이　발동이니　東
北쪽으로　기도하고　환자가
거하는　방문위에　붙여두면
자연히　회복된다.

九日病符

初九日病 (九日符)

가친 또는 소부인의 혼이다. 구토가 난다. 부적을 태워 마신후 북방의 문위에 붙이면 자연히 吉하게 된다.

初十日病（十日符）

　묘의　탈이다.　동쪽으로
기도하고　2장을　작성하여
1장은　불에　태워주고　한
장은　몸에　지니면　빨리　완
쾌해진다.

十日病符

十一日病符

부인혼 탈이다. 서남쪽에
부적을 써 부치고 몸에1
매를 지니면 곧 회복된다.

十一日病符

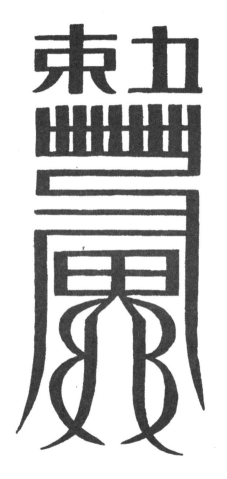

十二日病符

十二日病符

土神가친의 산소 탈이다.
四肢가 냉하여지고 몸살이
난다. 東北向으로 퇴송. 주
문을 삼십보에서 외우고 1
매는 태워 먹고 1매는 방
문위에 붙여두면 곧 그 효
력을 발생한다.

十三日病符

十三日*病符*

　음식을 먹지못할 정도로 몸이 쇄약해진다. 北쪽으로 음식을 만들어 퇴송하고 부적 2매를 작성하여 1매를 태워 먹고 1매는 환자가 기거하는 방문위에 붙이면 그 효력을 발생한다.

十四日病符

水火로 죽은 神이 와서 병을 얻었다. 남향 삼십보에서 퇴송시키고 부적을 1 매 태워 먹고 1매는 방문위에 붙이면 곧 효력을 발생한다.

十四日病符

친혼이 발동하였다. 동남쪽으로 기도드리고 퇴송하라. 부적 2장을 써서 1매는 태워 먹이고 1매는 방문위에 붙이면 효력을 발생한다.

十五日病符

十六日病符

十六日病符

六親中 객사한 神이 발동했다. 西南쪽에 향하여 퇴송 기도하고 부적 2매를 작성하여 1매를 태워 먹이고 한장은 몸에 지니면 곧 회복된다. 병의 증세는 매우 추위를 탄다.

十七日病符

十七日病符

이 병은 東西向에서 왔
는데 춥고 열이나며 변덕
이 심하다. 서쪽으로 삼십
보 지점에서 퇴송 주문을
읽고 부적 매를 작성하여
1매는 불에 태워 마시고
1매는 방문위에 붙여두면
자연히 회복된다. 또한 다
른 방법은 이부적을 써서
동전 5개를 부적에 싸서
동서방으로 한번 돌리고 버
리면 병이 퇴치된다.

十八日病符

十八日病符

　전신이 추위에 떨고 있
다. 동남좌향하고 밥을 지
어 환자방에서 제사를 지
내고 부적을 2매써서 1
매는 동남간에 붙이고 1
매는 몸에 지니면 곧 회
복된다.

十九日病符

十九日病符

이 병은 열과 냉이 엇 갈리고 구토 설사가 난다. 밥을 지어 西방 삼십보에 서 퇴송하고 부적 2매를 작성하여 1매는 태워 마 시고 1매는 환자 머리위 에 두면 질병이 자연 사 라진다.

二十日病符

二十日病符

묘의 탈로 병이 왔다. 구토 증세를 일으키고 팔다리가 쑤신다. 동북간으로 나가 기도하고 버리라. 부적은 2매 작성하여 1매는 태워 마시고 1매는 방문위에 붙이면 자연히 병이 퇴치된다.

二十一日病符

음식으로 인하여 탈이났는데 부적 2매를 작성하여 1매는 태워 먹고 1매는 환자 기거하는 방문 위에 붙여두면 자연 병이 물러간다.

二十一日病符

二十二日病符

동쪽에서 물에 빠져 죽은 귀신의 탈인데 손과몸이 떨리고 춥고 열이있는 병이다. 부적 1 매를 태워 먹고 1 매는 환자가 누어 있는 머리쪽 벽위에 붙여 두면 병이 물러간다.

二十二日病符

二十三日病符

二十三日*病符*

서방 산신의 벌과 남쪽
에서 온 미혼 사귀의 작
란이니 동전 5개를 부적
에 싸서 서남쪽 사십보 지
점에 가서 버리고 1매는
몸에 지니고 있으면 자연
병이 물러간다.

二十四日病符

서남에서 온 음식을 먹고 병이 발생했다. 부적 1매를 태워 먹고, 밥 다섯수저 지어서 서방 사십보 나가서 퇴송 기도하면 곧 질병이 퇴치된다.

二十四日病符

二十五日病符

正西쪽에서 온 음식을 먹고 탈이 났는데 부적 2매를 써서 1매는 태워 먹고 1매는 벽에 붙이고 서방 사십보 지점에서 기도하고 퇴송 시키면 병이 자연히 물러간다.

二十五日病符

二十六日病符

二十六日病符

西쪽 상가집에서 얻은 병인데 정신이 혼란이 오는 병이다. 부적 2매를 써서 1매는 동전 5개를 싸서 西北쪽으로 오십보 지점에서 퇴송 기도하고 버리라 1매는 방문위에 붙여두면 자연히 병이 물러간다.

二十七日*病符*

　正東쪽에서 병을 얻었다.
설사 광란 냉기 구토한다.
1매 태워먹고 東쪽으로 삼
십보 지점에서 퇴송 기도
하라.

二十七日病符

二十八日病符

三十八日病符

북쪽에서 음식의 병이다. 1매를 태워먹고 1매는 병자 머리위쪽 벽에 붙여두면 퇴송하게 된다.

二十九日*病符*

東南土神의 탈이다. 열이 나고 음식을 먹지 못한다. 부적을 1매 태워먹고 東南쪽 삼십보 지점에서 퇴송 기도하면 자연히 병이 퇴치된다.

二十九日病符

　동남쪽 산에서 얻은 병
으로 두통, 불안 등 정신
혼동의 증세를 일으킨다.
부적 2매를 작성하여 1
매는 몸에 지니고 1매는
문위에 붙이고 밥을 지어
서북쪽 사십보 지점에서 퇴
송 기도를 하면 자연히완
쾌된다.

三十日病符

第九編 꿈 의 부 적

二十支 (日辰에 따라 吉凶의 꿈이 된다 한다.
다음은 日辰으로 구분하여 吉凶에 따라 凶함은 吉하게
吉함은 더욱 吉함이 이루어 지는 부적을 기술코져 한
다. 꿈 해몽에 대하여는 꿈 해몽 책등을 참조하기 바
란다.

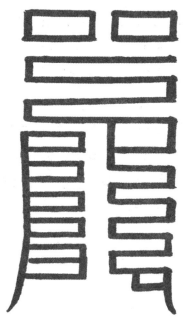

2. 丑日밤의 꿈

부부사이 언쟁으로 근심
이 생기던가 자신 건강
이 악화된다. 이때는 이
부적을 써서 몸에 지니
면 액을 면한다.

1. 子日밤의 꿈

남쪽이 길하다. 모든일은
남쪽으로 가서 얻어라. 이
때 이 부적을 머리에 간
직하면 하고져 하는 것이
마음대로 성사된다.

3. 寅日밤의 꿈

시비, 송사가 발생한다.
그렇지 않으면 반대로 남
방으로 부터 재물이 들어
온다. 이때는 부적을 써서
머리속에 지니면 凶함을 吉
하게 된다.

4. 卯日밤의 꿈

구설수가 생긴다. 그렇지
않으면 질병이 침입한다.
부적을 써서 대문 입구에
붙이면 침범치 못한다.

5. 辰日밤의 꿈

귀인의 도움으로 모든 일
이 뜻대로 되고 재물도 얻
는다. 이때는 부적을 써서 대
문 입구에 붙이면 성사가 쉽
게 이루어 진다.

6. 巳日밤의 꿈

흉한 일이 생기며 구설
수가 침범한다. 이때 부적
을 작성하여 북쪽벽에 붙
이면 흉함이 변하여 吉하
게 되리라.

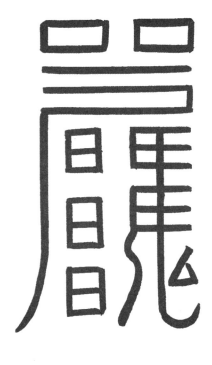

7 . 午日밤의 꿈

만사가 형통하리라. 이
때 부적을 써서 남쪽벽에
붙이면 더욱 吉하다.

8 . 未日밤의 꿈

동방으로 부터 귀인이 와
서 재물을 준다. 이때 부적
을 작성하여 머리털속에 지
니면 더욱 吉하게 된다.

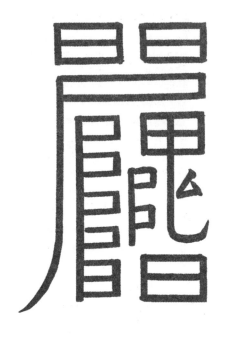 

9. 申日밤의 꿈

상가집에 가지 말라.
구설수가 생긴다. 이때 부
적을 써서 왼쪽 주머니에
보관하면 액을 면한다.

10. 酉日밤의 꿈

구설수를 조심하라. 이
때 이 부적을 써서 머
리에 지니면 액을 면하
고 기쁜일이 생긴다.

11. 戌日밤의 꿈

　몸을 다치거나 손재수가
있다. 이때 부적을 사용하
여 서쪽담에 붙이면 액을
면한다.

12. 亥日밤의 꿈

　관재수가 발생한다. 이
때 부적을 부엌 중심
천장에 붙이면 재물이
생기고 吉함이 있다.

13. 길 몽 부

길몽을 청하는 방법인데 꿈이 길하면 만사가 길하다는 것이다. 이 부적을 써서 베게속에 넣고자면 상스러운 꿈을 꾼다. 고로 길몽이 된다.

14. 잠잘자는 부적

근심, 걱정등 습관성으로 잠이 잘오지 않을때 이 부적을 태워 마시고 잠을 청하면 효력이 있다고 한다.

15.

(흉몽퇴치부)

惡鬼不侵符

急急如律令

꿈을 꿀때마다 흉한 꿈을 꾸어 생시에도 마음이 조급하고 불안하며 안정되지 않아 모든일에 의욕을 상실하였을 시에 이 부적을 경면주사로 써서 내실 문위에 붙이면 유효하다.

第十編 도적예방부

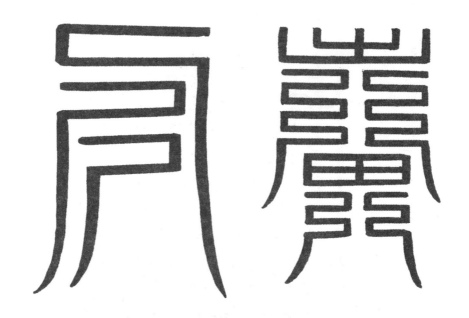

1. 盜賊下侵符	2. 失物厄消滅符
(도적불침부)	(실물액소멸부)

도적이 자주 침범할 우려가 있는 장소나 또는 금고 등이 있는 방문위에 이 부적을 붙여두면 예방된다.

날치기, 사기등 재물에 피해를 미리 방지코저 할때 쓰이는 부적이니 집안에 붙이거나 몸에 지니고 다니면 예방된다.

　집안에 도적이 들어오든가 집안이 어수선하여 불안을 느낄때 해가 넘어가기 전에 경면주사로 이 부적 4장을 써서 집안 네 귀퉁이에 붙여 놓으면 효력을 본다.

☜ 붉은 글씨로 그린다음 문앞
에서 불사르면 도둑이 들어오
지 못하고 도망간다.

4. 도둑잡는부

☞

몸이 허약하여 잠잘때 헛소리 하
고 가위눌려 허덕일때 두장써서 1
장은 베게속에 넣어두고 1장은 태
워 복신 한돈중 다린물에 타서 마
신다.

5. 가위눌릴때부

第二部 萬法靈符

第一編 각종 영부주문 및 부적쓰는 방식

一. 請仙箕法(청선기법)

1. 焚香呪(분향주)　請할時에　三般果子에　恭酒三盞을　놓고
정성들여　請하면　自然下降한다.

道由心合(도유심합)　心假香傳(심가향전)　香焚玉爐(향분옥노)
心注仙願(심주선원)　眞靈下降(진령하강)　仙佩臨軒(선패임헌)
今臣關告(금신관고)　逕達九天(경달구천)　所啓所願(소계소원)
咸賜始言(함사여언)

東方으로　面向하여　生氣를　紙墨筆硯上에　불어넣는다.

2. 淨水呪(정수주)　물을　정결케　하는　주문
天一生水(천일생수)　地六成之(지육성지)　一六旣今(일육기금)
五行乃基(오행내기)　吾今嘆動(오금손동)　穢逐塵飛(예축진비)
입으로　眞氣를　吸入하여　密呪에　吹散시킨다.

白乾(백건)　元享利貞(원형이정)　呪文을　마치고　곧　붓을
던져　이符를　水中에다　쓴다.

叉用指寫(우용지사)　또　손가락으로　쓴다.

至尊至聖(지존지성)　水中에다　또　쓴다.

敕封五鬼(칙봉오귀)　水孟面에　또　五字를　쓴다.

二二　水山　干志　㲲㲳　一作七

一說에는　朱砂로서　以上五字를　써서　水面에　火燒한다.

먼저　水浴呪하고　물을　西方에　뿌리고　東으로　바라보며　叩齒

하고 密呪하여 가로되 叩齒 이를 다진다.

　　某는　稽首(기수)　頓首(돈수)　上啓(상계)

　　乙天玄女(을친현여)　眞蝌書寫符篆(진과서사부전)　召請蓬萊仙

　　衆(소청봉래선중)　伏望至尊(복망지존)　生氣灌注(생기관주)

　　某(모)　心身及所用(심신급소용)　筆墨紙素之間(필묵지소지간)

　　今某書篆(금모서전)　速降靈通(속강영통)　某下情可勝懇禱之至

　(모하정가승간도지지)　곧 물을 箕上 및 紙筆墨上에 뿜는다.

3. 呪紙文(주지문)　종이에 대한 주문

　　楮玉之英(저옥지영)　天地生成(천지생성)　龍章鳳篆(용장봉전)

　　資之以陳(자지이진)　符飛迅速(부비신속)　偏歷靈天(변력영천)

4. 呪筆文(주필문)　붓에 대한 주문

　　神筆揚揚(신필양양)　萬古流芳(만고유방)　吾今書篆(오금서전)

　　飛召千方(비소천방)　雲輿飆馭(운여표어)　速降靈場(속강영장)

5. 呪墨文(주묵문)　먹에 대한 주문

　　神墨靈靈(신묵영령)　通幽達明(통유달명)　松君効職(송군효직)

　　蘭友凝馨(난우응형)　仙眞降格(선진강격)　速駕靈乘(속가영승)

　　곧 東方을 向하여 기를 取하여 符를 쓴다.

6. 書符呪(서부주)　부쓸때의 주문

　　玄女元君(현녀원군)　普化十方(보화십방)　禱無不應(도무불응)

　　求無不通(구무불통)　三敎之內(삼교지내)　六合之中(육합지중)

　　順命者吉(순명자길)　逆命者凶(역명자흉)　仙離蓬島(선리봉도)

　　疾如雷霆(질여뇌정)　符命一到(부명일도)　電掣風行(전철풍행)

急急如律令攝（급급여률령섭）　呪畢에　곧쓰되　每點無畵를　모두
密呪를　念한다.

清龍朱作（청룡주작）　白虎玄武（백호현무）經天四七（경천사칠）
二十八宿（이십팔숙）　書畢에　符를　箕上에　두고　呪文한다.

7. 呪符（주부）　부에　대한　주문

太乙靈陽（태을령량）　紫氣煌煌（자기황황）　精嚴院宇（정엄원우）
粉飾乩堂（분식계당）　吾今書化（오금서화）　飛召千方（비소천방）
呪畢에　곧　疏牒과　아울러　龍車　鳳輦仙鶴　三運等六符同符　使
用馬　關牒을　齊燒　又紙不一　帖燒畢에　곧　呪하되　燒香達洞府
（소향달동부）　眞氣接香傳（진기접향전）　虔誠恭叩請（건성공고
청）　仙來親降臨（선중친강림）　呪畢에　箕를　香案前에　놓고　符
水를　붓에　적셔　箕上에　쓴다.
䨓䨔䨖䨊䨙䨘䨎䨋　쓸때에　密呪한다.

清龍（청룡）　朱雀（주작）　白虎（백호）　玄武（현무）　經天
四七（경천사칠）　二十八宿（이십팔숙）　맞히면　곧　손으로　虎
頭訣（호두결）을　쳐서　소매속에서　箕上에　化行케　하고　呪를
密念한다.

天上人間七七後（천상인간칠칠후）　以符水書五鬼符（이부수서오
귀부）　또　扶箕者의　掌中에　封手符를　살고　急히　箕를　안고
呪請한다.

8. 請仙呪（청선주）　신선을　청하는　주문

虔誠恭叩請（건성공고청）　符使爲通傳（부사위통전）　不分時與刻
（불분시여각）　直抵到桃源（직저도도원）　仙官塵窃窃（선관진적

적) 洞府月捐捐 (동부월연연) 我今稟啓元君令 (아금품계원군령)

號召蓬萊請衆仙 (호소봉래청중선) 五眞寶氣臨塵世 (오진보기임진

세) 駕鶴騰雲闢詞源 (가학등운천사원) 高毫仙筆書文字 (고호선

필서문자) 速降威靈走錦箋 (속강위 령주금전) 叩啓請天諸地府 (

고계청천제지부) 通靈位上紫姑仙 (통 령위 상자고선) 今特有請 (

금특유청) 速報應落 (속보응낙) 度乾坤 (도건 곤) 萬古傳 (만

고전) 大律令 (대율령) 風雷現 (풍뇌현) 威光凜凜作驚天 (위

광늠늠작경천) 謹請 (근청) 仙宮桃源洞 (선궁도원동) 東海首

郡 (동해수군) 眞是仙 (진시선) 李公鍊拐漢鍾離 (이공상괴한종

리) 呂公洞賓韓湘子 (여공동빈한상자) 曹公國舅籃彩和 (조공국

구남채화) 何公仙姑張果老 (하공선고장과로) 公明正直 (공명정

직) 顯靈通傳蒙尙書范太保 (현 령통전몽상서범태보) 作詩作賦斷

吉凶 (작시작부단길흉) 陰陽禍福無私告 (음양화복무사고) 不分

高下貧與貴 (불분고하빈여귀) 一一件件分明報 (일일건건분명보) 靈

威聖績箕中顯 (령위성적기중현) 有求皆應無不從 (유구개 응무불종)

回向作急件塵世 (회 향작급건진세) 先時報兆顯名聲 (선시보조현명

성) 第子焚香虔拜請 (제자분향건배청) 仙翁親身齊降臨 (선옹친

신제강림) 天高高兮地遙遙 (천고고히지요요) 海天萬里來飄飄 (해

천만리래표표) 不爲人間酒與肴 (불위인간주여효) 有如玉母獻蟠桃

(유여옥모헌반도) 與汝共作神仙會 (여여공작신선회) 相隨永訣

歲寒交 (상수영결세한교) 敢請仙童達洞府 (감청선동달동부) 投

伸第子願歸依 (투신제자원귀의) 頭上揷花迎仙侶 (두상삽화영 선려)

急急歸來附我箕 (급급귀래부아기) 天靈靈 (천영령) 水靈靈 (수

영령) 火靈靈 (화영령) 天地水火 (천지수화) 他最靈 (타최령)

奉請仙翁諸聖衆 (봉청선옹제성중)　降我明堂 (강아명당)　責我淨室 (책아정실)　永協我箕 (영협아기)　急急如律令 (급급여율령) 만약　七通을　읽어　이롭지　않으면　또　呪

卸嘛赫赫 (사마혁혁)　雷光昭昭 (뇌광소소)　無令凝滯 (무령응체) 心黯魂銷 (심암혼소)　奉太上老君 (봉태상노군)　急急如律令 (급급여율령) 만약　箕動하면　臨한　것이라　곧呪　雲推霧捲 (운추무권) 眞仙倏到 (진선홀도) 願附神箕 (원부신기)　推誠樂告 (추성낙고) 만약 向字를　쓰면　神仙이　가고져　함이니　곧　다음　呪文을　읽는다.

9 . 送仙呪 (송선주)　　신선을　보내는　주문

已蒙仙眞降格 (이몽선진강격)　塵寰擾擾 (진환요요)　難以久留 (난이구유)　敬焚寶香 (경분보향)　攀送駢販 (반송병반)　來時 感德 (내시감덕)　去時奉福 (거시봉복)　降則無路不通 (강측무로 불통)　回則去路難尋 (회칙거로난심)　四海之內 (사해지내)　唯 同此音 (유동차음)　後有所求 (후유소구)　再當奉請 (재단봉청) 箕를　가지고　水盂에　붙이면　卽退한다.

10 . 牒　式 (첩식)

雷霆火急建都司下 (뇌정화급건도사하)　據某省 (道) 等處 (거 모도등처)　承宣布政使司 (승선포정사사)　某道某郡某面某里某社 界 (모도모군모면모사계)　奉仙第子 (봉선제자)　某爲因 (모위 인)　무슨일로　未知分曉 (미지분효)　涓於 (연어)　今月今日今 時 (금월금일금시)　就某處焚香 (취모처분향)　百拜虔請 (백배건 청)　蓬萊仙衆 (봉래선중)　九天玄女元君 (구천현여원군)　元始

眞人（원시진인）　天仙（천선）　地仙（지선）　五祖眞人（오조진인）　少陽正陽純陽三位（소양정양순양삼위）　五湖映雪三汀眞人（오호영설삼정진인）　玉軸道老仙女（옥축도로선녀）　紫陽眞人（자양진인）　羅山仙翁葛眞人（나산선옹갈진인）　謫仙太白李眞人（적선태백이진인）　野人黃眞人（야인황진인）　雲門呂眞人（운문여진인）　紫霞崔眞人（자하최진인）　玉蟾白眞人（옥섬백진인）　南五相眞人（남오상진인）　北七眞眞人（북칠진진인）　云姉仙女（운자선녀）　住英（주영）　慶奴（경노）　道奴（도노）　雪奴（설노）　眞卿（진경）　元眞（원진）　玉肌（옥기）　素女（소녀）　天上地下水府陰間（천상지하수부음간）　三島十洲（삼도십주）　洞天福地（동천복지）　古往今來（고왕금래）　一切仙衆（일체선중）　暫離洞府（잠리동부）　急降塵寰（급강진환）　或作詩賦（혹작시부）　或作詞篇（혹작사편）　揮筆楷書（휘필해서）　直判分明（직판분명）　以慰人望（이위인망）　須至牒者（수지첩자）　右仰直符使（우앙직부사）　趙弓馬溫准此（조궁마온준차）　太歲　某年　某月　某日　某時（태세모년모월모시）急牒行限卽刻到（급첩행한즉각도）　押牒符를 쓴다.

11．請仙禮儀（청선예의）

菓酒花燭已辦（과주화촉이판）　先焚香祝香（선분향축향）　禮拜（예배）　呪水（주수）　呪紙（주지）　呪筆（주필）　呪墨（주묵）　書符（서부）　呪符（주부）　發牒（발첩）　隨卽秉筆（수즉병필）　照靈水（조령수）　寫五鬼符（사오귀부）　封箕頭（봉기두）　有訣

（유결）

12. 密念呪（밀념주）　속으로　呪文을　읽는다.

太上人間（태상인간）　雲水迢迢（운수초초）　敢請仙童（감청선동）

隊伏迎送（대장영송）　霓旌羽蓋（아정우개）　速離雲宵（속리운소）

母令凝滯（모령응체）　心黯魂銷（심암혼소）　　그符는　먼저　定仙符

를　쓰고　다음에　粘柱　및　桌下에　붙이고　다음에　箕頭를　封하

고　다음에　桌上桌下에　軒邪符를　태우고　其三은　通符를　几上에

태우되　그符를　먼저　二十八宿을　써서　箕頭에　다만　軫字만　남기

고　符中의　글은　箕頭에　붙여　아울러　태우고　다음에　通仙符와

및　催符를　쓴다.

13. 畵符式（화부식）　부쓰는　법

부를　그릴때　剛强　明白하게　하고　柔弱을　폐하고　通仙되기　前

에　마음대로　그려서는　아니된다.

14. 開壇召斗呪（개단소두주）　　不召면　不必念

吾將祖師令（오장조사령）　急往蓬境（급왕봉경）急召蓬莢仙（급소봉

래선）　火速到壇筵（화속도단연）　倘或遲延（당혹지연）　有違上帝

（유위상제）　唵（옴）　哈哪咆呌呪（합나포규주）　急急如律令（급

급여률령）

16. 祝關符使呪 (축관부사주)

召請上界天仙直符使 (소천상계천선직부사)　中界地仙直符使 (중계
지선직부사)　下界外仙直符使 (하계외선직부사)　今時奉時直符使
(금시봉시직부사)　千里尋符名香請 (천리심부명향청)　飛雲走霧
(비운주무)　赴壇前 (부단전)　第子心香通三界 (제자심향통삼계)
通聞 (통문)　三界直符神 (삼계직부신)　快覩九能聚首 (쾌도구능
취수)　箇箇含珠 (개개함주)　銅頭鐵頸 (동두이경)　不畏强稟
(불위강품)　雙手美玉 (쌍수미옥)　滿腹文章 (만복문장)　經天
緯地 (경천위지)　左右面孔 (좌우면공)　日月爭光 (일월쟁광) 左
脚竟天 (좌각경천)　飛雲隨之 (비운수지)　右脚竟天 (우각경천)
走霧隨之 (주무수지)　手執關文 (수집관문)　彙同符使 (겸동부사)
卽往仙宮 (즉왕선궁)　請敢神仙 (경감신선)　逢聖卽邀 (봉성즉요)
遇邪使殺 (우사변살) 高在靑天之上 (고재청천지상)深在滄海之中 (심재
창해지중) 近在席之前 (근재석지전) 遠在九州之外 (원재구주지외)　特
奉 (특봉)　太上老君敕令 (태상로군칙령)　敢煩三界五方直符使者
(감번삼계오방직부사자)　乾坎艮震 (건감간진)　巽離坤兌 (손리
곤태)　八卦之神 (팔패지신)　角亢底房心尾箕 (각항저방심미기)
斗牛女虛危室壁 (두우여허위실벽)　奎婁 (규루)　胃昴 (유묘)
畢紫參 (필자삼)　井鬼柳星張翼軫 (정귀유성장익진)　神將非神仙
符使 (신장비신선부사)　與南北律令 (여남북율령)　同至桃源宮洞
(동지도원궁동)　禮請蓬萊仙衆 (예청봉래선중)　登雲駕霧 (등운
가무)　卽速降臨 (즉속강림)　作詩聯 (작시련)　明判斷 (명판단)
以慰人望 (이위인망)　無任虔禱之至 (무임건도지지)

17. 請呂眞人呪 (청여진인주)

謹啓蓬萊天仙子 (근계봉래천선가) 純心妙道呂眞人 (순심 묘도여진 인) 誓佐踢使宣政化 (서좌척사선정화) 巡遊天下闡武靈 (순유천 하란무령) 親受鍾離傳秘法 (친수종리전비법) 誓將法力救君生 (서장법력구군생) 九轉金丹方外道 (구전금단방외도) 一輪明月 照蓬瀛 (일륜명월조봉영) 朝遊蒼梧並海時 (조유창오병해시) 北 遊死苑轉昆侖 (북유한원전곤륜) 收拾乾坤歸掌握 (수습건곤귀장악) 莫教述到本原精 (막교술도본원정) 太將陰松常擁護 (태장음송상옹 호) 我今啓請望來臨 (아금계청망래림)

18. 請紫姑仙呪 (청자고선주)

虔請蓬萊紫姑仙 (건청봉래자고선) 清茶一會臨世間 (청다일회임세 간) 洞裡乾坤時盡醉 (동리건곤시진취) 空中星斗伴遊行 (공중성 두반유행) 太平年上王母會 (태평년상왕모회) 海底龍王獻金珠 (해저용왕헌금주) 第子寸心恭叩請 (제자촌심공고청) 神仙急降把 事會 (신선급강파사회)

19. 請八仙呪 (청팔선주)

謹請仙宮桃源洞 (근청선궁도원동) 起至 急急歸來附我箕 (급급귀 래부아기) 上請仙呪에 있음.

20. 請九仙呪 (청구선주)

天靈靈 (천령령) 地靈靈 (지령령) 水靈靈 (수령령) 火靈靈 (화령령) 天地靈靈 (천지령령) 水火靈靈 (수화령령) 九湖龍 王壽母 (구호용왕수모) 華嶽上 (화옥상) 及一切衆仙 (급일체중

선)   來我明堂 (내아명당)   來我淨室 (내아정실)   或是或非 (혹시혹비)   或吉或凶 (혹길혹흉)   早降神箕 (조강신기)   分明判敕 (분명판측·)   母使至隱難解 (모사지은난해)   急降 (급강)

21 . 請太白仙呪 (청태백선주)

第子虔誠設花筵 (제자건성설화연)   拜請香仙李謫仙 (배청향선이전선)   伏勞仙童通達意 (복노선동통달의)   早降靈箕作詩聯 (조강령기작시련)

22 . 敕水呪 (칙수주)   물을   맑게   하는   주문

伏以水者 (복이수자)   崑崙孕秀 (곤륜인수)   河漢流芳蓮花香 (하한류방연화향)   裹波寒 (리파한)   楊柳枝頭甘露 (양유지두감로)   麗蓬島三山對揖 (쇠봉도삼산대읍)   曹溪一派長流 (조계일파장류)   鼓祥風而玉聚千江 (고상풍이옥취천강)   翻南而銀堆四瀆 (번남이은회사록)   禹門春暖魚透千層 (우문춘란어투천층)   北海秋風鵬搏萬里 (북해추풍붕박만리)

七寶池中標玉字 (칠보지중표옥우)   九龍口裏浴金仙 (구룡구리욕금선)   羣生藉此潤焦枯 (군생자차윤초고)   大帝緣慈消垢穢 (대제연자소구예)   蕩滌萬刧之昏漾 (탕척만급지혼양)   永護一塵之清淨 (영호일진지청정)   去穢眞言 (거예진언)   謹當奉誦 (근당봉송)   七寶池中 (칠보지중)   功德恒河沙 (공덕항하사)   諸仙運亨通 (제선운형통)   我今灌灑誦眞言 (아금관쇄송진언)   能使會 (능사회)   筵嚴潔淨   자리를   嚴하게   淨潔케   한다.

-243-

23 . 淨口神呪 (정구신주)   정구업진음과 같음

丹朱口脣 (단주구순)   吐穢除氛 (토예제분)   舌神正論 (설신정논)

通命養神 (통명양신)   羅于齒部 (나우치부)   却邪衛眞 (각사위진)

喉神虎賁 (후신호분)   充氣引塵 (충기인진)   口神丹元 (구신단원)

全我通眞 (전아통진)   思神煉液 (사신련액)   逢氣常存 (봉기상존)

急急如律令 (급급여율령)

24 . 淨心神呪 (정심신주)   심신을 맑히는 주문

天上台神 (천상태신)   應變無停 (응변무정)   驅邪搏魅 (구사박매)

保命護神 (보명호신)   通達仙靈 (통달선령)   智慧明淨 (지혜명정)

心神安寧 (심신안녕)   三魂永固 (삼혼영고)   魄不喪傾 急急如律令

(백불상경 급급여율령)

25 . 淨身神呪 (정신신주)

以日洗身 (이일세신)   以月鍊形 (이원연형)   仙人扶起 (선인부기)

玉女隨行 (옥녀수행)   二十八宿 (이십팔숙)   與吾同形 (여오동형)

千邪萬穢 (천사만예)   逐水而淸 (축수이청)   急急如律令 (급급여

율령)

26 . 安慰神呪 (안위신주)

靈寶天尊 (영보천존)   安慰身形 (안위신형)   第子魂魄 (제자혼백)

五藏玄明 (오장현명)   靑龍白虎 (청룡백호)   隊仗紛紜 (대장분운)

朱者玄武 (주자현무)   侍衛身形 (시위신형)   急急如律令 (급급여

율령)

27. 祝啓式(축계식)   欲請須先寫(청할때에 먼저쓴다)

某道 某郡 某面 某洞(모도모군모면모동) 아무 伏爲(복위)

였든 事(무슨일로) 專稟(전품) 九天玄女眞科(구천현녀진과)

請召蓬萊仙衆(청소봉래선중) 天上地下(천상지하) 水府陰間

(수부음간) 同天福地(동천복지) 三島十洲(삼도십주) 諸仙

宮府(제선궁부) 古往今來(고왕금래) 一切衆仙(일체중선)

來降塵寰(내강진환) 伏望三界(복망삼계) 南北律令(남북율령)

爲某賚此(위모뢰자) 九天玄女(구천현녀) 符命(부명) 直抵

三島十洲(직저삼도십주) 召請一切仙衆(소청일체선중) 特爲問

小事(특위문소사) 伏願(복원) 乘鸞駕鶴(승난가학) 飛雲走

霧(비운주무) 暫離洞府(잠리동부) 來降塵寰(래강진환) 某

下情 禱祈之至 謹啓(하청 도기지지 근계)

28. 淨法界眞言(정법계진언)

淨法界眞言(정법계진언)二十六번 唵喃(옴남) 護身眞言(호신진

언) 二十一번 唵齒臨(옴치림)

皈依眞言(귀의진언) 稽首皈依蘇悉帝(계수귀의소실제) 頭面

頂禮七俱胝(두면정례칠구지) 今我稱 讃大準提 (금아칭송대준제)

惟願慈悲垂加護(유원자비수가호)

南無薩哆喃(나무사다남) 三藐三菩馱俱胝喃(삼막삼보리구지남)

怛你也䬻他(단녀타) 唵折隷準提(옴절리준제) 娑婆訶

(사바하) 唵部林䬻嘁(옴부림 초)

每 글字마다 種種 光明이 있으면 自己分明之中에 安하되 읽

-245-

은바 存想이라 ·唵字는 安頭上하고 折字는 兩目을 安하고 顙字는 項頸를 安하고 玉字는 心을 安하고 隷字는 兩肩을 安하고 準字는 唵中을 安하고 提字는 兩膝 하고 娑婆字는 兩脛을 安하고 訶字는 安兩足 存想을 布口에 安하여 畢然後에 大明六字眞言을 가지고 외우고 또한 읽을지니라.(一百八遍)

唵嘛呢叭咪吽 存想은 必用梵音字하고 頭目頸項에 安畢하고 六字眞心肩胳股脛言을 一百遍한다.

二. 後漢太極左宮葛仙翁治三部諸病心法靈符

1. 三部諸病大界（삼부제병대계）
   上部符（상부부）는 治頭目口鼻耳舌喉關等病(치두목구비이설후관등병)

中部符（중부부）는 治胸膈痰火痞脹咳嗽手肘等病（치흉격담화비창해수수주등병）

下部符（하부부）는 治臍下膀胱淋濁經水不一難産脚疾等病（치제하방광림탁경수불일난산각질등병）

이 符는 菩薩公이 用此呪棄하야 濟人無數하다. 或竹葉上이나 或桑葉上에 써서 煎湯腹之하고 或은 紙上에 써서 燒服하며 隨人用之한다.

須察煉法을 久學하여 至誠體道하면 方可救病하리니 書符하면 自然靈驗이 있으리라.

凡人有病에 先誦 諸淨呪 次誦寶誥 及敕紙淨呪를 읽고 辰文巽宮으로 就坐하여 噓器布紙筆上하고 方可下筆書符한다.

-246-

2. 葛仙翁寶誥(갈선옹보고)

志心歸命禮 (지심귀명례)   天台得道合宅成眞 (천태득도합택성진)

昔受東華 (석수동화)   復傳西蜀 (부전서촉)   詔命玉京金闕 (조명

옥경금궐)   位登 (위등)   太極仙班 (태극선반)   慈憐拯授於沈淪

(자린증수어침륜)   恩念普慈於 (은염보자어)   苦海 (고해)   葛

天氏邁風顯著 (갈천시천풍현저)   勾漏令丹砂具存 (구루령단사구존)

活蒼任遊 (활창임유)   羅浮乃止 (라부내지)   修聞玉笥 (수한옥사)

修理金書 (수리금서)   大悲大願 (대비대원)   大聖大慈 (대성대자)

太上玉金東吳太極 (태상옥금동오태극)   左宮仙公 (좌궁선공)   雷

霆系者 (뇌정계자)   天機內相 (천기내상)   玉虛紫靈 (옥허자령)

慈化玄靜 (자화현정)   常道冲應 (상도충응)   浮佑眞君 (부우진군)

垂恩廣敎 (수은광구)   慈悲大帝 (자비대제)   度人無量 (도인무량)

天尊 (천존)

3. 勅紙筆呪 (칙지필주)

結空成梵 (결공성범)   眞炁自生 (진기자생)   赤書玉字 (적서 옥자)

八威龍文 (팔위룡문)   保制刧運 (보제급운)   使天長存 (사천장존)

治病斬邪 (태병참사)   萬類安寧 (만류안녕)   急急如高山神霄 (급

급여고신소)   玉淸眞玉律令 (옥청진옥율령)   須下辰文巽宮 (순하

진문선궁)하여   噓氣布紙筆上 (허기포지필상)하고   方可下筆書符

한다.

4. 治上部諸病靈符 (치상부제병영부)

下圈八祖炁寫唐宏鸞 (하권팔조기사 당굉홍)

呪曰 (주왈)

上丹明堂 (상단명당)　白帝除凶 (백제제흉)　六宮明淨 (육궁명정) 道化堂存 (도화당존)　百病速去 (백병속거)　使汝長生 (사녀장생)　上元赤子 (상원적자)　守於黃房 (수어황방)　攝神歸命 (섭신귀명)　保子永昌 (보자영창)　急急如律令 (급급여률령)　(呼氣三口) 즉 세번 입 기운을　내쉰다.

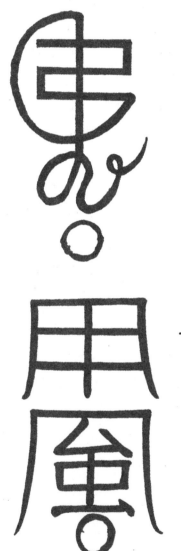

5. 治中部諸病靈符 (치중부제병영부)

下圈八祖氣寫葛翁霳 (하권팔조기사 갈옹증)

呪曰 (주왈)

中丹赤子 (중단적자)　黃帝元仙 (황제원선)　預曉吉咎 (예효길흉) 淨肅心元 (정숙심원)　丹晶一液 (단정일액)　永命延年 (영명연년)　中元太乙 (중원태을)　坐鎭玉堂 (좌진

옥당) 招魂衛身(초혼위신) 得見眞王(득견진옥) 急急如律令

(급급여율령) 呼氣三口

6   治下部諸病靈部(치하부제병영부)

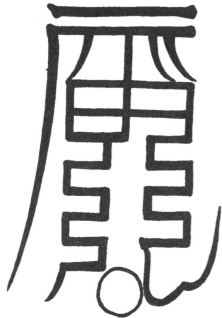

下圖八祖燕寫周斌瑞(하권팔조기사
주빈명)

呪曰

下部神君(하부신군) 赤帝黑王
(적제흑왕) 六腑流液(육부유액)
百病不傷(백병불상) 金津保命(금
진보명) 永符吉昌(영부길창) 下
元元主(하원원주) 列在神庭(열재
신정) 制魂成身(제혼성신) 面生
五堂(면생오당) 急急如律令(급급
여율령)   呼氣三口

7 . 身有病三部總用(신유병삼부총용)

總救符呪(총구부주)

東華元君(동화원군) 韓君降臨(한군강림) 玉符眞命(옥부진명)

保佑主靈(보우주령) 眞炁到處(진기도처) 永保長存(영보장존)

急急如律令(급급여율령)

凡人有病에 或竹葉이나 桑葉이나 黃紙에다 朱書靈符하고 東

南으로 面向하여

太乙救苦天尊(태을구고천존) 三百遍 읽고 符를 棗湯에 태워

마신다. 每日三度하면 不幾日에 其病이 自愈한다.

8. 治諸蒼腫痛秘訣 (치제 창종통비결)

太年五更時에 比法을 持受 或 端午日에 持受

呪曰

日出東方 (일출동방) 蒼蒼皎皎 (창창교교) 杳杳茫茫
(묘묘망망) 金童玉女 (금동옥녀) 萎我受蒼 (위아수창) 一收
不要 疼與通 (일수불요동여통) 二收不要 膿與血 (이수불요농여혈)
三收 不成 瘡與癤 (삼수불성창여절) 急散急消 (급산급소) 莫待
來朝 (막대내조) 急散急消 (급산급소) 莫待來旦 (막대내단)
神筆到處 (신필도처) 萬病消汗 (만병소한) 吾奉 (오봉) 太上
老君 急急如律令敕 (태상로군급급여율령칙)

矗矗矗矗矗矗矗矗矗

9. 呪棗秘訣 (주조비결)

修行者當燈心潔己 (수행자당증심결기) 寂靜端坐叩齒二遍存變法
(적정단자고치이편존변법) 身是天仙想 (신시천선상) 元辰默朝金
闕 (원진묵조금궐) 上帝儼賜仙丹 (상제엄사선단) 將七枚棗 敷排
前面几案 噓呵呼呬 吹玉氣於棗上 以手引承 書符於棗上 每棗上
書 一勅 八字然後誦經

呪言 或七遍 或二十 或三十 或七七 隨意行用한다.

天道淸明 (천도청명) 地道安寧 (지도안녕) 人道虛靈 (인도허
영) 三才一體 (삼재일체) 混合乾坤 (혼합건곤) 召神歸命 (소
신귀명) 萬將隨行 (만장수행) 陰陽洒育 (음양쇄육) 水火流通
(수화유통) 歸根復命 (귀근복명) 龍虎奔行 (용호분행) 必神
火帝 (필신화제) 運轉無定 (운전무정) 煉精煉液 (연정련액)

一氣成眞（일기성진）　萬魔拱服（만마공복）　百脉調榮（백맥조영）
仙傳仙棗（선전선조）　仙化仙丹（선화선단）　傳成仙鼎（전성선정）
溫飽仙靈（온포선영）　長生不老（장생불노）　果滿飛昇（과만비승）
急急如（급급여）　太上老君律令（태상노군율령）

　玉皇上帝律令（옥황상제 율령）　長生大帝律令（장생대제 율령）
王林二眞人法旨（왕림이진인법지）　令我長生（영아장생）　令我神
仙（영아신선）　飛昇蓬島（비승봉도）　名列上仙（명렬상선）
다　읽고　服用하면　長生得道하리라.

　若敎諸方病患（약구제 방병환）　借書一勅八字（차서일칙팔자）
諱技之（상기지）　橘井（귤정）　香泉竹水　呪（향천죽수　주）
加八節蠻王令（가팔절 만왕령）　霳　及以　太陰　魖　太陽　魍　解除
病毒（해제병독）　患者給之（환자태지）　以水吞之（이수탄지）
退調熱（퇴조열）　除寒疾（제한질）　退瘟瘟（퇴온황）至淫瀉痢
（지음사리）　信心奉行（신심봉행）　感萬應矣（감만응의）

10．治諸寒熱毒瘡火丹等證（치제한열독창화단등증）
裳甲霶乙蔛丙霹丁荋戊錦己霹庚靂辛靇壬薆癸　　　　　男左　女
右叱　此隨天子日神　每題書一字　至驗
　呪曰（주왈）

　火神火神（화신화신）　三昧眞火（삼미진화）　火羅火鈴（화라화
령）　神燒磚化（신소전화）　爲塵凡病（위진범병）　從風散風（종
풍산풍）　病氣除服（병기제복）　瘟疫諸毒氣（온역제독기）　寒熱
速離身（한열속리신）　萬病從此散（만병종차산）　男女早安寧（남
녀조안녕）　唵歸諸綴賢（옴귀제철현）嚬哪吒唎（빈나타리）　急

－251－

急攝敕（급급습축）　　右存想　取烏雅口中氣吸吹人呼孫勅　以上見
萬法歸宗

11. 辟瘟疫豫防法（벽온역예방법）
　　類象　辟瘟疫　火災甚効　즉 항상　鷄鳴時에　淨心하고　四海神
名을　三번　읽는다. 四海神呪　　阿明（아명）東　祝融（축융）
南　巨乘（거승）西愚强（우강）北　　以上見東醫寶鑑

三. 責黑豆隱家法（자흑두은가법）
　　墨豆를　쩧어서　家屋을　숨기는　法
　　正月初一日　三更時（밤十二時頃）에　墨豆多少를　不拘하고　取
하여　北豆七星을　向하여　朝拜하고　香一炷를　태우고　呪文을
（朝斗呪）　四十九번　읽는다.
　　또　다음　甲子日　五更時를（새벽）擇하여　前과　같이하고　呪
文　四十九번을　읽는다.
　　다음　六甲之日을　만나면　黑豆를　솥에　넣어　찌지어　볶을때
에　亦是　北斗에　朝拜하고　朝斗呪를　七번읽고　익도록　찌지어
말린다. 만약　急難之時를　當하면　이　黑豆를　口中에　머금고
또　손에　六甲總牌　二道를　잡고　衆人은　그牌를　얻지　못하게
하고　桃木으로　上書符를　倣成한다.
　　萬若　遁藏할　房舍나　遁藏할　多人을　要할때는　먼저　豆四十
九粒을　가져다　墻外　四方地下에　묻되　六甲總符四道를　包藏한다.
外人은　곧　보지　못하게　한다. 그러하면　房室은　萬丈之高로
보이고　一尺깊이의　淸渠가　江河로　보이게　된다.

1. 朝斗呪（조두주）　四十九遍（북두칠성에　朝拜하는　呪）

天則靈（천칙령）　地則靈（지칙령）　左手指北斗（좌수지북두）
右手指七星（우수지칠성）　天上二十八宿（천상이십팔숙）　是吾所
關（시오소관）　頭戴北斗七星（두대북두칠성）　脚踏九曲黃河（각
답구곡황하）　吾奉上界血肉（疑一字尺）子　（오봉상계혈육자）
吾是下界避亂人（오시하계피난인）　吾等呑豆人不見（오등탐도인불
견）　吾等收豆便是人（오등수두변시인）　急急如律令勅（급급여율
령칙）

2. 煮豆呪（자두주）　콩을　찌질때의　주문

天元地黃（천원지황）（元은　疑是玄）六甲九章（육갑구장）　出行
不見（출행불견）　永保家生（영보가생）（家는　疑長）人來追我（인
내추아）　掩其兩目（엄기량목）　馬來追我（마래추아）　斷其四足
（단기사족）　勅（칙）　吾等隱身（오등은신）　謹請北斗上元眞君
（근청북두상원진군）　變吾家在須彌山（변오가재수미산）　安身
（안신）　急急如律令勅（급급여율령칙）

3. 書符呪（서부주）　부쓸때　쓰는　주문

陽明之精（양명지정）　神威藏人（신위장인）　收攝陰魅（수습음
매）　遁藏人形（둔장인형）　靈符一道（령부일도）　舍宅無跡（사
택무적）　敢有違逆（감유위역）　天兵上行（천병상행）　急急如律
令（급급여율령）

4. 六甲總符 (육갑총부)

古法에 그른 참사람이 아니면 妄傳하여서는 아니된다 한다.
무기가 태산같아 萬金을 주더라도 傳해주지 않는 秘法

四. 隱身法 (은신법) 몸을 숨기는 法

이 法은 硃砂로 雷公印을 써서 香燈위에 놓고 조금있다가
五方神呪를 읽고 마치면 雷公印을 가지고 身上에 발라 두면
곧 神效가 나타난다.

만약에 장난삼아 他人의 物件을 盜用해보면 곧 形狀이 隱하
여 보이지 않는다.

1. 雷公印 (뇌공인)

2. 五方呪 (오방주)

唵東方大同頂 (옴동방대동정)　自在輪 (자재륜)

天丁力士 (천정력사)　　　木吒勅 (목타칙)

唵南方 (옴남방)　大同頂 (대동정)
自在輪 (자재륜)　天丁力士 (천정력사)　火吒勅 (화타칙)

唵中央 (옴중앙)　大同頂 (대동정)
自在輪 (자재륜)　天丁力士 (천정력사)　土吒勅 (토타칙)

唵西方 (옴서방) 大同頂自在輪 (대동정자재륜)　天丁力士 (천정력사)
金吒勅 (금타칙)

唵北方 (옴북방)　大同頂自在輪 (대동정자재륜) 天丁力士 (천정력사)

水吒勅 (수타칙)

3. 冷啓敬先生神術隱形法 (냉계경선생신술은형법)

大年初一日에 旣死婦人의　靈前에　두었던　筋一個를　몰래　도적
질하여　衆神馬子에　쓴다.

淨處에　藏收하였다가　月蝕하는　밤을　기다려　칼로　깎아　비녀
모양으로　만들어　呪文을　여러번　읽고　月蝕이　다하도록　기다려　前과같
이　한다. 이　비녀를　頭上에　꽂고　急할때를　當하면　呪文을　읽
어　曰　雷雷星辰烹轉轟揖 (뇌뇌성진팽전경섭)

4. 鳥卵避形法 (조란피형법)

八月晦日夜에 此斗七星에 朝拜하고 (見前) 鳥鷄卵 一個를 呑한다. 만약 後日에 危急이 있어서 頭髮을 흩으려 가르면 사람을 보지 못하게 된다.

五. 九天玄女耳報法 (구천현녀이보법) 이法은 黃石公이 張良에 授受하여 歷代로 傳해오는 秘法

此術을 배우고져 하는者 新年元旦五更 (새벽) 天色未明之時에 東方日出 熹微할때 東方을 向하여 潔身 正心하고 呼氣三口, 吸氣三口하고 右平에 劍訣을 매고 左平에 雷訣을 매고 追神呪 (추신주) 세번 읽고 追神符 (추신부) 三道를 태우고 雲鶴 二張을 태우고 淨室中에 앉아서 鷄犬聲도 들리지 않게 하고 婦女子도 보지 못하게 하고 다시 追神呪 (추신주)를 읽고 追神符 (추신부)와 雲鶴을 태우고 黑雲이 面前에 날라 往來하며 徵驗이 되는것이다.

萬君이 아니오면 다시 追神呪 (추신주)를 읽고 追神符 (추신부)와 雲鶴을 태워서 一日爲滿으로 한다.

次目에는 鳴耳呪 (명이주)를 읽고 鳴耳符 (명이부)와 雲鶴을 태우고 벌소리 같은 것이 듣기는 것을 經驗한다. 귀에서 벌소리 같은 것이 듣기는 것을 一日爲滿으로 한다.

三日째는 開喉呪 (개후주)를 읽고 開喉符 (개후부)와 雲鶴을 태우고 仙人言語가 듣기는 것으로 一日爲滿으로 하되 神仙姓名을 묻고 計交하여 訂盟하고 放回케 한다. 이後로는 다만 追神呪를 읽고 追神符와 雲鶴을 태우면 卽時降臨 묻는바를 말하게 된다.

이 法은 擇人이 爲重하니 아무에나 妄傳치 못할 것이다. 그
렇지 않으면 反受天譴하리라.

人格이 風濤月牖같은 者는 上天이 愛之하고 天仙이 喜之하야
朝傳多得이 된다며 存心正大하고 福祿이 連綿한 者는 四十九日
에 可得之오

奸險處事者는 終身토록 하여도 不得

人有等級하고 仙亦揀擇하나니 不可失謬

1. 追神呪 (추신주)

天地靈光 (천지령광)　地之精光 (지지정광)　日月輝光 (일일휘광)
原作威光 (원작위광)　飛符上奏 (비부상주)　急降我傍 (급강아방)
吾奉太上老君 (오봉태상노군)　急急如律令勅 (급급여율령칙)　唵
(옴)　轟 (굉)

追神符 (추신부)

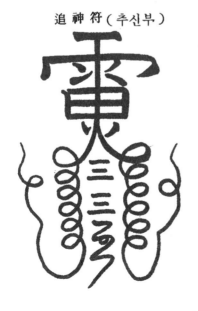

魃魃魃魃魃魃
魃
이 敢字를 上圈內에 쓴다
魃魃魃魃魃魃
魃

2. 鳴耳呪（명이주）

山有山上水（산유산상수）　　海有海中槎（해유해중차）　五龍叱吒
（오룡질타）　唵轟（음굉）　　吾奉太上老君（오봉태상노군）　　急急如
律令（급급여률령）　勅 唵轟（칙음굉）

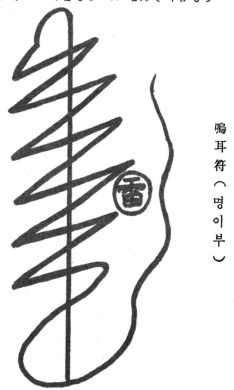

鳴耳符（명이부）

3. 開喉呪（개후주）

赤山東（적산동）　　赤山東（적산동）　七七定（칠칠정）　　九九成
（구구성）　吾奉（오봉）　太上老君（태상노군）　急急如律令勅（급
급여율령칙）　唵轟（음굉）

開 喉 符（개후부）

4. 訂盟（정맹）

　吾欲使汝上天（오욕사여상천）
與吾上天（여오상천）　使汝入地
（사여입지）　與吾入地（여오입
지）　人間百務（인간백무）　與
吾通報（여오통보）　他日行滿
（타일행만）　功鬼一切行（공귀
일체행）　與汝平分（여여평분）
你若不悛（이약불사）　上（상）
奏天庭（주천정）　吾奉（오봉）
太上老君（태상노군）　急急如律
令（급급여율령）　勅唵轟（칙음
굉）

5. 塡雷（진뢰）

天淸天寧人平（천청천령인평）　靈章秘訣（령짬비결）　四縱五橫
（사종오횡）　淸世和物（제세화물）　勅令從（칙령종）　唵轟轟（옴
굉굉）

以上　二十五字를　차례로　雷符內에　묻되　字劃이　重疊不明해도
無妨함.

6. 求聰明呪（구총명주）

稽首元通大眞士（계수원통대진사）　宣揚神呪破愚蒙（선양신주파우

몽） 十百千（십백천）　遍我今持（편아금지）　智慧願回觀自在（지
혜원회관자재）　唵摩羅摩羅（옴마라마라）　三摩羅（삼마라）　三摩
羅（삼마라）　因他利醯（인타리해）　尾秋利尾秋陀耶（미추리미출타
야）　唵摩羅摩羅（옴마라마라）　室哩曳莎婆（실리예사바）　每晨
에　三五遍式　읽는다.

六. 陰陽遁秘訣（음양둔비결）

1. 陰遁法（음둔법）

五月五日　午時에　白楊木을　往水津에　揀擇하고　萬若없으면　西
北으로 가서　柳木을　가리어　長이　二寸　徑圍　三寸으로　끊어
婦女・兒子를　보지못하게　하고　淨室에　두었다가　夏至日이　되면
密室에서　齋戒沐浴하고　一人을　雕作하되　長이　一寸二分　如小指
大하고　衣冠束帶를　自己身形같이　하되　비단으로　옷을하여　입히
고　絹袋에　사서　身變에　常帶하고　作法은　乙酉日丑時에　披衣起
하야　東向하여　定氣하고　叩齒（이를（上下）소리나기　두드린다）
三十六通하고　木人을　左右에　잡고

2. 呪曰（주왈）（執木人呪）나무를　잡은　사람

天圓地方（천원지방）　我處中央（아처중앙）　太乙使者(태을사자)
與我同藏（여아동장）　隨我作用（수아작용）　往返無妨（왕반무방）
遁法於世（둔법어세）　常侍我傍（상시아방）　急急如太乙眞人律令
（급급여태을진인율령）

呪文을　七번　읽은뒤　木人을　내어　莫中에　넣고　乙酉日을　기
다려　똑같이　作用하되　七次로　乙酉日時를　經過하면　我形되로

隨得되리니　萬若　隱隨하려면　右手로 木人을 잡고 隱形呪를 읽는다.

3. 隱形呪

天與我機（천여아기）　共你相隨（공이상수）　你藏我隱（이장아은）
免（면）　使人（사인）　得知（득지）　莫與他視（막여타시）　惟我
與你（유아여이）　太上使我（태상사아）　立隱於己（입은어기）　急
急如太乙眞人律令（급급여태을진인율령）

呪文을　三遍　읽으면　隱身이　되거든　木人을　袋中에　넣고
萬若　숨지　않으려면 右手에 木人을 잡고 곧 現形呪（현형주）를 읽는다.

4. 現形呪

天上蒼蒼（천상창창）　地下皇皇（지하황황）　我隱其中（아은기중）
感你相從（감이상종）　遁形至妙（둔형지묘）　當還我窮（당환아궁）
之今莫呼忽忽（지금막호총총）　急急如太乙眞人律令勅（급급여태을진인
인율령칙）

세번읽고　木人을　袋中에　넣는다.

다시　作法하려면　前法과　같이한다.

5. 陽遁法（양둔법）

桂子人을 쓰면　一身이　萬人中에　隱隨하여　보이지　않는다.

五月五日午時 取黃牛胆 一枚 官桂넓이 三指정도 長이 二寸四
分 厚가 半指許로 그皮 를 버리고 胆은 前望日에 念呪三遍하
고 北方으로 望見하고 取氣三口하여 桂와 胆上에 吹入하고 桂

를 膽內에 넣어 淨室에 달아두어 놓고 一般人이나 婦女나 六
畜等이 보지 못하게 하고 陰乾百日한 後에 取出하여 人形을
刻作하되 長이 一寸二分으로 하고 粉으로 발라 人面目 口鼻를
만들고 二七日이 되어 布袋에 넣어둔다.

用時에 呪文 세번 읽고 取炁一口하여 桂人身上에 吹入하고,
가지고 陣中에 들어가도 사람은 보이지 않는다.

呪曰

太陽幽冥(태양유명) 以使吾形(이사오형) 雲霧遮體(운무차체)
易避日精(이피일정) 急急如律令(급급여율령)

萬若 사람이 나를 못보게 하려면 頭上에 놓으면 老翁이 되
고 口中에 넣으면 老母로 보이고 耳中에는 幼女로 鼻上에는
坵土로 額上에는 兒童으로 胸中에는 飛鳥로 背上에는 牛馬로
尾間에는 淸澗으로 陰頭에는 澗水로 보이게 된다. 見攝者 日行
千里 還하고 다시 袋中에 넣는다. 欲復作이면 依前法

注意 陰陽二術은 眞人之術이라. 못傳할 사람에 傳하면 반
드시 天獄을 만나리니 行持者는 妄爲하지 말것이다. 垂戒如此
하니 可不愼乎아

七. 三妙法

此法은 醫藥이나 占術이나 地理 세가지中에 한가지만 求得
할 수 있고 둘以上을 合得할 수 없는것이니 求道者 반드시
한가지만 訂盟할것.

求法者 반드시 深山幽谷 鷄犬不聞之處에 淨室一間을 세워두고
精神을 맑힌다음 齋戒沐浴하고 밤十二時가 되면 開設해 놓은 神

壇前에 北向跪坐焚香하고 淨心身呪 三遍 읽고 叩齒 三十六遍하고 勅神呪 四十九遍을 大聲으로 읽는다.

1. 勅神呪(칙신주) 四十九遍

魁魁 慦慦 魍魎 尫尫
우 우 각 각 간 간 우 우

每夜에 읽으면 或은 十二日 或은 四十九日 或은 百日이면 밖에 두른두른 하는 소리가 나고 곧 神將이 나타난다. 神將이 오거든 절대로 놀라지 말고 精神을 차려 拜禮하면 무슨일로 나를 請하느냐 물으친다

겁내지 말고 答하여야 하되 위에 列擧한 세가지 案에 一個案만 가르쳐 주기를 願한다. 訂盟이되면 神術로서 醫業이나 占術이나 風水地理를 알게된다.

2. 淨心神呪(정심신주) 見上

天上台神(천상대신) 應變無停(응변무정) 驅邪搏魅(구사전미)
保命護神(보명호신) 通達仙靈(통달선령) 智慧明淨(지혜명정)
心神安寧(심신안녕) 三魂永固(삼귀영고) 魄不喪傾(맥불상경)
急急如律令(급급여율령)

3. 焚香呪(분향주) 三遍 첫머리에 있음

焚香呪(분향주) 一遍(일편) 焚香(분향)할때 읽는다.
淨心神呪(정심신주) 三遍(삼편) 焚香(분향)하고 讀之
本文勅身呪(본문칙신주) 四十九遍(사십구편) 淨心神呪를 마친 뒤 大聲으로 讀之

八. 借地加保章(차지가보장) (축지법)

대개 一里에서 百里에 이르기까지 盡處의 兩頭土 一升을 六甲壇下에 舖設하고 壇下에 千里一步란 四字를 써서 놓고 左脚에는 道頭 二字를 밟고 右脚은 萬里二字를 밟고 左脚에는 雷印, 右手에는 劍訣을 잡고 東方의 炁 一口를 吸取하여 呪文 七遍을 읽고 符一道을 태우고 四十九日로 마친다.

마친後 壇下의 흙을 모두 실어서 멀리 長流水에 띄워보낸다.

但 멀리 千里밖으로 보내고 依하여 作用 擧點하면 千里를 一時에 到着할 수 있다.

1. 縮地呪(축지주)

一步百步(일보백보)　其地自縮(기타자축)　逢山山平(봉산산평)
逢水水涸(봉수수학)　逢樹樹折(봉수수절)　逢火火滅(봉화화멸)
逢地地縮(봉지지축)　吾奉(오봉)　三山九候先生(삼산구후선생)
律令攝(율령섭)

2. 縮地符(축지부)

-264-

九. 六甲神壇式 (육갑신단식)

栢木으로 醮牌子 十二面을 造作하고 黃紙를 使用하여 紙上에
六甲 六丁 神名을 써서 硃砂를 使用하여 牌子上에 穿書하
次例대로 排列하여 中心을 整齊케 한다.

1. 六甲陽神名 (육갑양신명) 眞君 (진군)

甲子神字淸宮 (갑자신자청궁) 名元德 (명원덕) 身長二丈 (신장
이장) 眼光大晴小 (안광대청소)

甲戌神字株齊 (갑술신자주제) 名虛逸 (명허일) 身長二丈有五
(신장이장유오) 目面如傳粉 (목면여전분)

甲申神字仲權 (갑신신자중권) 名節略 (명절략) 身長二丈有一
(신장이장유일) 三目面黃色 (삼목면황색)

甲午神字文卿 (갑오신자문경) 名潛仁 (명진인) 身長二丈有五
(신장이장유오) 面目黑 (면목흑)

甲辰神字讓昌 (갑진신자양창) 名迢元 (명소원) 身長一丈五尺
(신장일장오척) 一面三目 (일면이목)

甲寅神字子扇 (갑인신자자선) 名化召 (명화소) 身長一丈 (신장
일장) 面赤目晴急 (면적목청급)

2. 六丁陰神名 (육정음신명)

丁卯神字仁高 (정묘신자인고) 名文伯 (명문백)

丁丑神字仁貴 (정축신자인귀) 名文公 (명문공)

丁亥神字仁和 (정해신자인화) 各文通 (명문통)

丁酉神字仁修 (정유신자인수) 名文卿 (명문경)

丁未神字仁恭 (정미신자인공)　名昇通 (명승통)

丁巳神字仁惠 (정사신자인혜)　名巨卿 (명거경)

3 . 六甲神像 (육갑신상)　牌子에는　下와　如히　眞君을　쓴다.

甲子神淸宮元德眞君 (갑자신천궁원덕진군)　身被紅錦袍金束帶 (신피홍면포금속대)

甲戌神株齊虛逸眞君 (갑술신주제허일진군)　身被綠袍　紫束帶 (신피연포　자속대)

甲申神仲權節略眞君 (갑신신중권절략진군)　白花金戰袍 (백화금전포)

甲午神文卿溽仁眞君 (갑오신문경신인진군)　身着淡紅袍 (신착담홍포)

甲辰神讓昌迢元眞君 (갑진신양창소원진군)　身着錦袍 (신착면포)

甲寅神子扇化召眞君 (갑인신자선화소진군)　身着錦袍 (신착면포)

4 . 六甲神總呪 (육갑신총주)

上淸上帝 (상청상제)　東華大帝君 (동화대제군)　令吾受 (령오수) 六甲天書 (육갑천서)　倂使六甲六丁之神 (병사육갑육정지신)　天遊十二溪女 (천유십이계녀)　那延天女吾人 (방연천녀오인)　統攝神兵 (통섭신병)　三員大將 (삼원대장)　火光大將 (화광대장)　浮海大將 (부해대장)　吼風大將 (후풍대장)　此等衆聖 (차등중성)　各領神兵百萬 (각령신병백만)　垓助我 (해조아)　法力神通 (법력신통)　千變萬化 (천변만화)　永得遵吾 (영득준오)　六甲神印 (육갑신인)　立在壇前 (입재단전)　令吾七政九宮 (영오칠정구궁)　保佑爾身 (보

-266-

우이신) 　使之從吾（사지종오）　上朝元君（상조원군）　與道合眞

（여도합진）　和形煉魂（화형련혼）　策空駕浮（책공가부）　昇天攝

雲（승천섭운）　急急如律令（급급여율령）

　　行持者는　반드시　至誠祭之然後에　自有神通　不可思議

十〇. 離 法

1. 招人沽酒法（술을　사는　법）

大年　初一日　五月　丙子日　午時　七月　初七日　戊午日　上建日

等에　몰래　失火人家의　燒殘木頭를　一日이나　或　二日이나　或

三日이나　타다　남은　나무를　可用　萬若　日字가　過多하면　不用

또　丙戌日에　一寸餘의　木童을　彫刻하여　五彩衣로　經袋에　담아

浮酒瓶內（一云酒瓶）에　浸하여　賣乾　兵感得이　된다.

　　四方數萬人이라도　來後할　수　있다.

2. 召禽法（새를　부르는　법）

雷霹木을　取하여　鳥形으로　彫刻하여　若要看이면　木鳥를　室中

에　달아놓으면　衆鳥가　다　모이게　된다.

　　如召鷄龜兎同（여소계구토동）

3. 行丹止風法（바람을　그치게　하는　법）

丹行하다가　風浪을　만나면　곧　左掌中에　一　王字를　써서　搯

之하면　곧　그친다.

4. 辟蚊法（모기를　물리치는　법）

桂木層（계목층）苦練根葉（고련근엽）　蒲黃（포항）　黃米粉

-267-

、황미분) 各等分(각등분)하여 身體上(신체상)에 두들겨 놓으면 蚊虫이 可敢近 한다.

5. 頃刻開花法(경각개화법) 경각에 꽃이 피는 법

鷄卵一個를 去白存黃하고 瓜子(외자)를 껍질안에 넣어 고루 흔들어 채워넣고 綿紙로 封해 싸고 鷄巢內에 놓아 묏닭에 먹여 出時에(疑放未異)厚朴, 官桂, 甘草多一戔을 爲末하고 瓜子에 웃입혀 入殼內(껍질안)에 密封하고 墻邊에 묻어놓되 要는 土氣가 滋潤토록 하고 말려서는 안된다.

作業時에 濕綿花로 一粒을 싸서 身邊에 두었다가 鬆泥一碗에다 외씨를 碗內 泥中에 넣어두면 少刻에 開花한다.

6. 開蓮花法(개연화법) 연꽃피게 하는 법

蓮子七個를 前과같이 鷄卵皮內에 넣어 哺二十一日하고 取出하여 茶로 淨洗하고 蓮內에 넣어 두었다가 쓸때에 滾溫에 蓮子를 씻어 碗內泥中에 放過하면 少刻에 開花한다.

7. 新부엌 護福法(신부엌호복법) 새부엌에 福求하는 法

五月 戊辰日에 돼지머리를 써서 부엌에 祭祀하면 求하는 것이 如意하고 柱死를 당하지 않는다.

十一. 劍訣(검결)

金剛靈通寶劍法(금강령통보검법) 造寶劍須用子年(조검수경용자년) 申月(신월) 黃道日(황도일) 預先七日前(예선칠일전) 齋戒沐浴(제계목욕) 呪三益夜畢(주삼익야필) 就於擇定(취어택정) 右神庙鐵光(우신모철강) 家伙(가화) 重三(중삼) 斤者

（근자） 令鐵匠（령철장） 一氣打成寶劍（일기타성보검） 二尺四

寸（이척사촌） 完時就挿（완시취상） 左右寺中鼎內（좌우사중정내）

呪四十九日（주사십구일） 每日朝（매일조） 呪四十九遍（주사십구

편） 打劍時揑（타검시날） 金廂玉印（김상옥인） 手訣其訣（수결

기결） 藏在袖內（장재수내） 端然站立（단연점입） 令鐵匠一氣打

成（령철장일기타성） 完就工夫（완취공부） 不可間斷（불가간단）

呪畢時（주필시）

須去小林（수거소림） 試看靈否（식간령부） 果靈卽止（과령즉지）

不可收藏（불가수장）在队中（재와중） 如未靈（여미령） 再呪四十九日（재주사

십구일）如試 須握玄天上帝訣 其訣（기결）把劍一書（파검일서）隨卽回頭（수

즉회두）復還本位（부환본위） 切不可停留（절부가정유）

呪曰 唵吧唎㗶嚧（옴바리나라） 吽唵保陵敲囉嗻（우음보릉고라마）

此乃天遁劍法（차내천둔검법） 不可妄傳非人（불가망전비인） 戒

之戒之（계지계지）

劍訣（검결）

金箱玉印手訣（금상옥인수결）

訣（결） 藏在袖內（장재수내） 端然站立（단연점립） 令鐵匠一

氣（령철장일기）

打成（타성） 完就工夫（완취공부） 不可間斷（불가간단）

玄天上帝手訣（현천상제수결）

訣 把劍一書（파검일서） 隨卽回頭（수즉회두） 復還本位（부환

본위） 切不可停留（절불가정유）

呪曰 唵吧唎㗶囉吽唵保唛敲囉嗻（옴바리나라훔옴보릉고라마）

1. 雷公印(뇌공인)

五方呪 (오방주)

唵東方 (옴동방)   大同頂 (대동정)   自在輪 (자재륜)

天丁力士 (천정력사)   木吒勅 (목타칙)

唵南方 (옴남방)   大同頂 (대동정)   自在輪 (자재륜)

天丁力士火吒勅 (천정력사화타칙)

唵中央 (옴중앙)   大同頂 (대동정)   自在輪 (자재륜)

天丁力士士吒勅 (천정력사사타칙)

唵西方 (옴서방)   大同頂 (대동정)   自在輪 (자재륜)

天丁力士金吒勅 (천정력사금타칙)

唵北方（음북방）　大同頂（대동정）　自在輪（자재륜）

天丁力士水吒勅（천정력사수타칙）

2. 仙鶴符（선학부）

令牌（령패）

勅令（칙령）　　　　　　　雷符（뇌부）

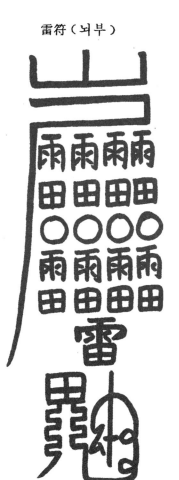

第 三 部　옥추령부(玉樞靈符)

옥추령부(玉樞靈符)

九天應元雷聲普化天尊

구천응원뢰성보화천존지상 (九天應元雷聲普化天尊之像)
광증 (狂症) 이 났을때 방 안의 동, 서, 남, 북, 천정 (中
央) 에 붙인다.

① 구령과 삼정을 부르는 부
　적이다. 이 부적을 봉안하
　고 마음에 드는 경을 외
　우면 영보장생 (永保長生)
　하고 소원은 성취된다.

② 도를 통하고 신선되기를 원
　하는 부적이다. 도를 닦는 사
　람이 이 부적을 지니고 있으
　면 번뇌를 벗어나 쉽게 목
　적한 도를 통하여 정령(精靈)
　이 맑아진다는 것이다

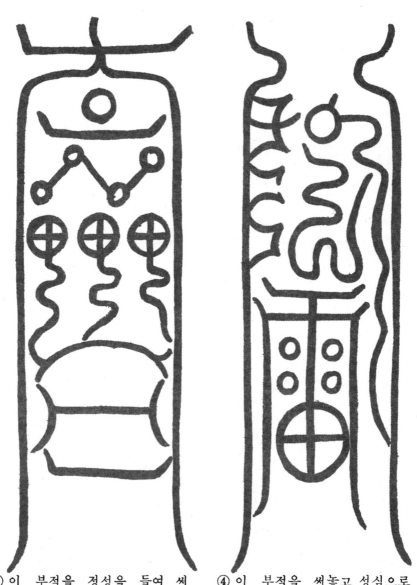

③ 이 부적을 정성을 들여 써
   서 항상 몸에 지니고 있으
   면 삼재팔난(三災八難)이
   침범치 못하고 귀사(鬼邪)
   가 멀리 도망 가며 관재구
   설이 자연 소멸된다.

④ 이 부적을 써놓고 성심으로
   기도한 뒤 북향(北向)하
   고 써서 불에 태워 버리면
   모든 삼재팔난(三災八難)에
   서 벗어나고 선신(善神)
   이 항상 몸을 보호 해준다.

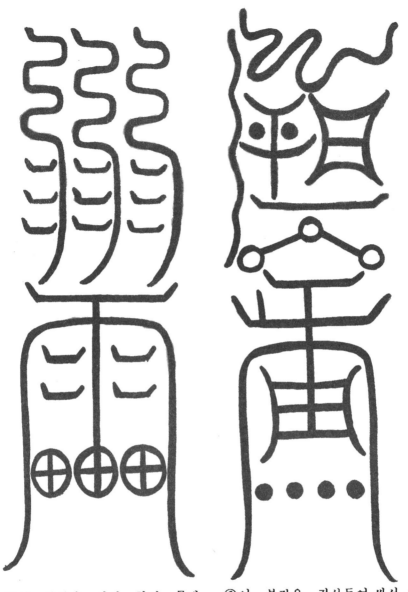

⑤이 부적을 써서 항상 몸에 지니고 있으면 토황신살(土皇神殺)이 침범치 못하므로 상서롭지 못한 일이 생기지 않고 악몽(惡夢)이나 질병 및 재앙을 물리 치게된다.

⑥이 부적을 정성들여 써서 신령(神靈)에게 축원한 뒤 몸에 지니고 있으면 관재(官災) 시비(是非) 쟁송(爭訟) 및 구설(口舌)이 침범치 않는다.

 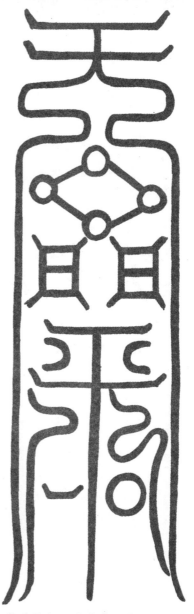

⑦혼인 후에 이 부적을 써서 동쪽으로 뻗은 복숭아나무 가지에 매달고 주사(朱砂)로 黃大將軍이라 써서 옥상(屋上)에 꽂아두면 부부가 화목하고 가정이 창성하여 귀자(貴子)를 낳게 된다.

⑧병들은 사람이 병원에서 의사의 치료를 받거나 약을 써도 낫지 않을때는 이 부적을 써서 붙이고 축원한 다음 불살라 버리면 곧 질병이 물러 간다.

⑨요귀 및 사마(邪魔)를 제
압하는 부적이다. 집안에서 밤
중에 이상한 소리가 나거나 무
단히 우환이 생기거나 괴이한
일이 일어나면 요귀의 장난이
니 이 부적을 써놓고 기도하
면 요마가 자연히 사라지며
가택이 편안하다.

⑩갖가지 상서롭지 못한 벌레
또는 짐승이 집안에 침범하거
나 개, 돼지, 우마(牛馬)의 해
를 받거나, 또 집안에 음사(淫
邪)가 생기고 살상(殺傷)이
일어날 경우 이 부적을 써서
기도하고 불사르면 이상과 같
은 재앙이 사라진다.

⑪수륙(水陸)을 막론하고 먼곳
으로 여행을 떠나는 사람이 일
신을 보호해 달라는 부적이다.
이 부적을 지니고 먼길을 떠
나면 객중(客中)에서 질병이
침범치 않고 신상의 안전을 보
호하며 목적을 쉽게 달성한다.

⑫장사(葬事)를 지낸뒤 관구
(棺柩)에 벌레나 나비 같은 것
이 생기면 집안에 재앙이 이
르는데 이러할 때에 이 부적을
써서 기도하고 불사르면 재앙
이 사라진다.

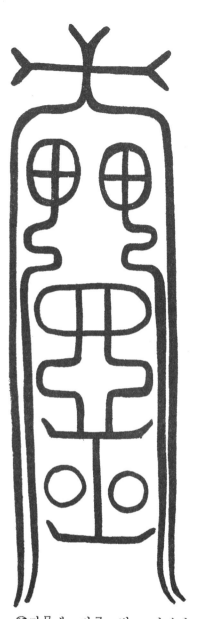

⑬가믐에 비를 빌고 장마에 수
재를 막아주며 화재도 막아주
는 부적이다.

　이 부적을 몸에 지니면 홍
수（洪水） 한재（旱災） 및 기
타（水火）에 대한 액이 침범
치 못한다.

⑭뇌성을 진압하고 백가지 병
을 다스리는 부적이다. 이 부
적을 써서 몸에 지니고 다니
면 모든 재앙이 침범치 않으
며 백가지 질병도 자연 치료
된다.

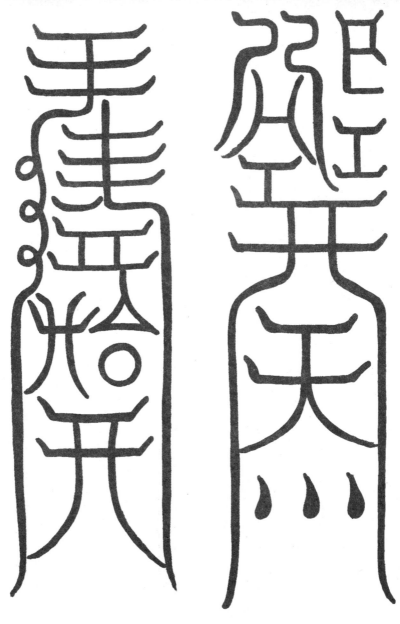

⑮재앙과 횡액을 면해 달라는
부적이다.
　재앙과 횡액이 잦은 사람은
이 부적을 깨끗한 암실에 봉
안하고 북향으로 머리를 돌려
百日기도하면 지혜가 맑아지고
千日를 기도하면 장수형통 하
리라.

⑯백가지 일을 경영함에 있어
모든 일이 뜻데로 되어 달라
는 부적이다. 이 부적을 써서
항상 몸에 지니고 있으면 모
든 일이 순조롭게 되어간다.

부 록

부 록(附 錄)

1. 육 갑 법(六甲法)

육갑법이란 천간(天干)은 무엇이고 지지(地支)는 무엇이며 육십갑자는 무엇을 말하고, 또는 천간과 지지는 서로 만나면 어떤 작용(作用)을 하는가 등에 대한 술학(術學)의 기본적 상식이다.

① 천간(天干)과 지지(地支)

천간은 그냥 간(干)이라고도 하고 지지(地支)를 그냥 지(支)라고도 하며 천간과 지지를 합칭간지(干支)라 한다. 그리고 천간은 열개로 되어 있다하여 십간(十干)이라고도 하고, 지지는 열두개가 있다해서 십이지(十二支)라고도 한다.

천간의 명칭과 순서는 아래와 같다.

天干＝甲・乙・丙・丁・戊・己・庚・辛・壬・癸
천 간 갑 을 병 정 무 기 경 신 임 계

십이지의 명칭과 순서는 아래와 같다.

地支＝子・丑・寅・卯・辰・巳・午・未・申・酉・戌・亥
지 지 자 축 인 묘 진 사 오 미 신 유 술 해

② 간지(干支)의 음양(陰陽)

천간과 지지는 각각 음양이 있는데 이래와 같다.
천간의 甲 丙 戊 庚 壬은 양에 속하고 乙 丁 己 辛 癸는 음에 속한다.
지지의 子 寅 辰 午 申 戌은 양에 속하고 丑 卯 巳 未 酉 亥는 음에 속한다.
이를 다음과 같이 표로 작성해 본다.

天干 천간	甲 양	乙 음	丙 양	丁 음	戊 양	己 음	庚 양	辛 음	壬 양	癸 음		
地支 지지	子 양	丑 음	寅 양	卯 음	辰 양	巳 음	午 양	未 음	申 양	酉 음	戌 양	亥 음

③ 간지(干支)의 작용(作用)

천간(千干)은 서로 충(冲)하는 것과 합(合)하는 관계가 있고, 지지(地支)는 합하고 충하고 형(刑)하고 파(破)하고 해(害)하고 싫어하는 (怨嗔)것이 있으니 다음과 같다.

○ 간   합(干合)

천간끼리 서로 합이 되는 것인데 천간합(天干合)또는 그냥 간합(干合)이라 한다. 다음과 같다.

甲己合　乙庚合　丙辛合　丁壬合　戊癸合
갑기합　　을경합　　병신합　　정임합　　무계합

甲이 己를 만나거나 己가 甲을 만나면 서로 합(合)을 이룬다. 乙庚 丙辛 丁壬 戊癸의 합도 마찬가지다.

○ 간   충(干冲)

충(冲)이란 서로 충돌한다는 뜻이다. 이를 천간충(天干冲)또는 그냥 간충(干冲)이라고도 하는데 아래와 같다.

甲庚冲　乙辛冲　丙壬冲　丁癸冲　戊己冲
갑경충　　을신충　　병임충　　정계충　　무기충

가령 甲이 庚을 만나거나 庚이 甲을 만나면 서로 충돌하는 성질이 있다. 乙辛冲 丙壬冲 丁癸冲 戊己冲도 甲庚冲과 같은 예다.

○ 지   합(支合)

지합(支合)이란 지지(地支)끼리 서로 합(合)을 이루는 것인바 지합에는 삼합(三合)과 육합(六合)이 있다. 아래와 같다.

三合＝申子辰合　巳酉丑合　寅午戌合　亥卯未合

가령 申子辰이 三合인데 申이 子를 만나거나 辰을 만나도 합이오 子가 申이나 辰을 만나거나 辰이 子나 申을 만나도 합이니 申子辰 혹은 申辰, 子辰, 申子 이렇게 만나도 합이라 한다. 그외 巳酉丑 巳酉 酉丑 巳丑도 합이오 寅午戌 寅午, 午戌 寅戌이 만나도 합이며, 亥卯未 亥未 亥卯 卯未, 이렇게 만나도 합이다. 원칙적으로 三合되는 지(支)끼리 셋이 모두 만나면 三合이오 둘씩 만나면 반합(半合)또는 반회(半會)라 한다.

六合＝子丑合　寅亥合　卯戌合　辰酉合　巳申合　午未合

　가령 子가 丑을 만나거나 丑이 子를 만나면 지합(支合)또는 육합(六合)이라 한다. 寅亥合 卯戌合, 辰酉合, 巳申合, 午未合도 마찬가지다.

○ 지　　충(支沖)

　지충(支沖)이란 지지끼리 서로 만나면 충돌하는 관계를 말하는데 이를 육충(六沖)또는 지지상충(地支相沖)이라고도 한다.

子午沖　丑未沖　寅申沖　卯戌沖　辰戌沖　巳亥沖

　子와 午가 상충(相沖)이오 丑과 未가 상충이오 寅과 申이 상충이오, 卯와 酉가 상충이오, 辰과 戌이 상충이오. 巳와 亥가 상충이다.

○ 지　　형(支刑)

　지형(支刑)이란 지지끼리 서로 형(刑)한다는 뜻으로 충(沖)과 마찬가지의 작용을 한다. 그리고 이 지형을 삼형(三刑)이라고도 한다.

寅巳申三刑　丑戌未三刑　(子卯相刑　辰午酉自刑)
　　삼형　　　　　　　　　　　　　상형　　　　자형

　寅巳申三刑이란 寅은 巳를 형하고, 巳는 申을 형하고, 申은 寅을 형한다 함이오, 丑戌未三刑이란 丑은 戌을 형하고 戌은 未를 刑하고 未는 丑을 형한다 함이요, 子卯상형(相刑) 이란 子와 卯가 서로 형한다 함이오, 辰午酉亥자형(自刑)이란 辰은 辰을 午는 午를 酉는 酉를 亥는 亥를 같은 지(支)끼리 만나면 형한다는 뜻이다.

○ 지　　파(支破)

　지파(支破)를 육파(六破)라고도 하는데 파(破)란 서로 파괴한다는 뜻이다.

子酉破　丑辰破　寅亥破　巳申破　卯午破　戌未破
　파　　　　파　　　　파　　　　파　　　　파　　　　파

　子는 酉를 파괴하고 酉는 子를 파괴하니 子酉가 만나면 서로 파괴한다는 뜻이다. 이하 丑-辰 寅-亥 巳-申 卯-午 戌-未의 파도 마찬가지다.

○ 지　　해(支害)

　지해(支害)는 육해(六害)라고도 하는데 서로 해친는 관계를 말한다.

子未害	丑午害	寅巳害	卯辰害	申亥害	酉戌害
해	해	해	해	해	해

가령 子未가 해(害)이니 子는 未를 해하고 未는 子를 해하므로 子未가 만나면 서로 해진다는 뜻으로 이하 丑午 寅巳 卯辰 申亥 酉戌의 해도 마찬가지다.

○ 원　　진(怨嗔)

원진이란 서로 미워하는 관계를 말한다.

子–未　丑–午　寅–酉　卯–申　辰–亥　巳–戌

子는 쥐, 丑은 소, 寅은 범, 卯는 토끼, 辰은 용, 巳는 뱀, 午는 말, 未는 양(羊), 申은 원숭이(잔나비), 酉는 닭, 戌은 개, 亥는 돼지라 한다. 즉 쥐(子)는 양(未)의 뿔을 싫어하고, 소(丑)는 말(午)이 갈지않고 노는 것을 미워하고, 범(寅)은 닭(酉)의 부리가 짧은 것을 미워하고, 토끼(卯)는 원숭이(申)의 허리가 굽은 것을 원망하고, 용(辰)은 돼지(亥)의 얼굴이 검은 것을 미워하고, 뱀(巳)은 개(戌)짓는 소리를 싫어한다.

(鼠忌羊頭角　牛憎馬不耕,　虎憎鷄嘴短,　兔怨猴不平　龍嫌猪面黑　蛇驚犬吠聲)

④ 육십갑자(六十甲子)

육십갑자(六十甲子)의 기본은 십간(十干)과 십이지(十二支)다. 이 십간 십이지가 순서대로 서로 사귀어 배합(配合)하면 아래와 같은 육십개의 간지(干支)로 구성되므로 육십갑자라 한다.

甲子	乙丑	丙寅	丁卯	戊辰	己巳	庚午	辛未	壬申	癸酉
甲戌	乙亥	丙子	丁丑	戊寅	己卯	庚辰	辛巳	壬午	癸未
甲申	乙酉	丙戌	丁亥	戊子	己丑	庚寅	辛卯	壬辰	癸巳
甲午	乙未	丙申	丁酉	戊戌	己亥	庚子	辛丑	壬寅	癸卯
甲辰	乙巳	丙午	丁未	戊申	己酉	庚戌	辛亥	壬子	癸丑
甲寅	乙卯	丙辰	丁巳	戊午	己未	庚申	辛酉	壬戌	癸亥

⑤ 월　건　법(月建法)

월건법(月建法)이란 육갑법(六甲法)으로 일년 십이월은 각각 무엇에 해당하는가를 알아보는 법으로 다음과 같다.

正月 寅, 二月 卯, 三月 辰, 四月 巳, 五月 午, 六月 未, 七月 申, 八月 酉, 九月 戌, 十月 亥, 十一月 子, 十二月 丑

어느 해를 막론하고 正月은 寅月이오 二月은 卯月, 三月은 辰月, 四月은 巳月, 五月은 午月, 六月은 未月, 七月은 申月, 八月은 酉月, 九月은 戌月, 十月은 亥月, 十一月은 子月, 十二月은 丑月이라 한다.

그런데 가령 正月은 寅月인데 위에 천간(天干)을 붙여 丙寅月 戊寅月 庚寅月 壬寅月 甲寅月 등으로 六十甲子가 月마다 속해 있는 것이니 이를 쉽게 따지는 요령은 아래와 같다.

甲己年—丙寅頭, 乙庚年—戊寅頭, 丙辛年—庚寅頭,

丁壬年—壬寅頭, 戊癸年—甲寅頭

이를 아래아 같이 일림표로 작성해 본다.

生月 \ 月別	正(寅)	二(卯)	三(辰)	四(巳)	五(午)	六(未)	七(申)	八(酉)	九(戌)	十(亥)	十一(子)	十二(丑)
甲 己 年	丙寅	丁卯	戊辰	己巳	庚午	辛未	壬申	癸酉	甲戌	乙亥	丙子	丁丑
乙 庚 年	戊寅	己卯	庚辰	辛巳	壬午	癸未	甲申	乙酉	丙戌	丁亥	戊子	己丑
丙 申 年	庚寅	辛卯	壬辰	癸巳	甲午	乙未	丙申	丁酉	戊戌	己亥	庚子	辛丑
丁 壬 年	壬寅	癸卯	甲辰	乙巳	丙午	丁未	戊申	己酉	庚戌	辛亥	壬子	癸丑
戊 癸 年	甲寅	乙卯	丙辰	丁巳	戊午	己未	庚申	辛酉	壬戌	癸亥	甲子	乙丑

가령 甲年 즉 甲子 甲戌 甲申 甲午 甲辰 甲寅 등 태세(太歲)의 천간(天干)이 甲으로 되었거나 己巳 己卯 己丑 己亥 己酉 己未 등 태세의 천가이 己로 된 해는 반드시 正月을 丙寅부터 시작하여 二月은 丁卯, 三月은 戊辰, 四月은 己巳, 五月은 庚午, 六月은 辛未, 七月은 壬申, 八月은 癸酉, 九月은 甲戌, 十月은 乙亥, 十二月은 丙子, 十二月은 丁丑이 된다는 뜻이다.

위 일람표의 예로 가령 戊辰年 八月이면 辛酉月이오, 庚午年 五月이면 壬午月이니 모두 이와 같은 예로 일람표를 참고하느 것이다.

⑥ 시 간 법(時間法)

하루는 二十四時요. 六甲法으로 따지면 두 시간에 一支時씩 십이지시(十二支時)가 된다. 따지는 요령은 오후 十一時 零分부터 子時가 시작되어 두시간에 一支時씩 丑寅卯 辰巳午未申酉戌亥로 十二支 순서를 따져 나간다.

子時 : 오후 11시 ~ 명일0시말   午時 : 오전 11시 ~ 오후1시말

丑時 : 오전 1시 ~ 2시말   未時 : 오후 1시 ~ 2시말

寅時 : 오전 3시 ~ 4시말   申時 : 오후 3시 ~ 4시말

卯時 : 오전 5시 ~ 6시말   酉時 : 오후 5시 ~ 6시말

辰時 : 오전 7시 ~ 8시말   戌時 : 오후 7시 ~ 8시말

巳時 : 오전 9시 ~10시말   亥時 : 오후 9시 ~10시말

時 旴	子時 (0시)	丑 "	寅 "	卯 "	辰 "	巳 "	午 "	未 "	申 "	酉 "	戌 "	亥 "	(子) (밤) 11시
甲己日	甲子	乙丑	丙寅	丁卯	戊辰	己巳	庚午	辛未	壬申	癸酉	甲戌	乙亥	(丙子)
乙庚日	丙子	丁丑	戊寅	己卯	庚辰	辛巳	壬午	癸未	甲申	乙酉	丙戌	丁亥	(戊子)
丙辛日	戊子	己丑	庚寅	辛卯	壬辰	癸巳	甲午	乙未	丙申	丁酉	戊戌	己亥	(庚子)
丁壬日	庚子	辛丑	壬寅	癸卯	甲辰	乙巳	丙午	丁未	戊申	己酉	庚戌	辛亥	(壬子)
戊癸日	壬子	癸丑	甲寅	乙卯	丙辰	丁巳	戊午	己未	庚申	辛酉	壬戌	癸亥	(甲子)

가령 甲午日 卯時라면 丁卯時요, 己丑日 午時라면 庚午時다. 또 乙未日 寅時면 戊寅時요 壬子日 巳時면 乙巳時가 된다.

⑦ 간 지(干支)의 수(數)

천간과 지지는 또 각각 그에 속한 수(數)가 있는데 선천수(先天數)와 후천수(後天數)와 중천수(中天數)가 있다.

○ 선천수(先天數)

甲己子午九, 乙庚丑八, 丙辛寅申七, 丁壬卯酉六 戊癸辰戌五 巳亥屬之四

○ 후천수(後天數)

壬子一, 丁巳二, 甲寅三, 辛酉四 戊辰戌五, 癸亥六 丙午七 乙卯八 庚辛九 己百(혹은 十)丑未十

○ 중천수(中天數)

甲己辰戌丑未十一, 乙庚申酉十, 丙辛亥子九, 丁壬寅卯八, 戊癸巳午七

※ 토정비결작쾌법(土亭祕訣作卦法)

이상의 선후천수(先後天數)및 중천수(中天數)로 다음과 같이 토정비결의 쾌(卦)를 짓는다.

상괘(上卦)＝당년 태세를 중천수에 의해 간지(干支)수를 합한 숫자에다 주인공의 당년 연령수를 합한다음 八로 제(除)하여 나머지수로 상괘(上卦)를 정한다.   (나머지가 없이 0으로 떨어지면 그냥 八을 된다.)

중괘(中卦)＝주인공의 생월(生月)로 당년 출생월에 해당하는 월건(月建)으로 선천수의 간지수를 합하고, 그 달이 크면 30, 작으면 29를 또 합해서 六으로 제(除)하여 나머지 수로 중괘를 정한다.(나머지자 없이 0이면 六을 취용한다.)

하괘(下卦)＝주인공의 생일로 당년 생일의 일진을 취용하는바 日干은 선천수를, 日支는 중천수를 취하여 干支합한 다음 또 생일 날수를 총합해서 三으로 제하고 남는 수로 하괘를 정한다(나머지가 없으면 다시 三으로 한다)

2. 음   양(陰陽)

천지만물 가운데 음양(陰陽)으로 분류되지 않은 것은 하나도 없다. 음양이란 상대성원리(相對性原理)와 거의 부합되는 것으로 높고 낮고, 크고 작고, 길고 짧고, 넓고 좁고, 두텁고, 얇고, 밝고 어둡고, 따뜻하고, 차고, 뾰족하고 오목하고, 희고 검고 한 거둥이 모두 상대적이며 따라서 음양으로 구분된다.

즉 하늘은 양이오. 땅은 음이니. 높은 것은 양이오. 낮은 것은 음이다. 밝은 것은 양이오. 어두운 것은 음이니 해는 양이오 달은 음이며, 낮은 양이오 밤은 음이다. 수컷은 양이오 암컷은 음이니 남자는 양이고 여자는 음이다. 더운 것은 양이고 추운 것은 음이니 불은 양이오 물은 음이며, 봄, 여름은 양에 속하고 가을 겨울은 음에 속한다. 굳센 것은 양이오 약한 것은 음이며, 또 강한 것은 양이고 부드러운 것은 음이다. 급한 것은 양이고 느린 것은 음이며, 긴 것은 양이고 짧은 것은 음이다.

천간(天干)의 甲丙戊庚壬은 양이오. 乙丁己辛癸는 음이며, 지지(地支)의 子寅辰午申戌은 양이오. 丑卯巳未酉亥는 음이다.

숫자로는 一三五七九의 홀수(寄數)는 모두 양에 속하고 二四六八十·의 짝수(偶數)는 모두 음에 속한다.

3. 오   행(五行)

① 오행의 명칭

木 火 土 金 水

② 오행(五行)의 생극(生剋)

木火土金水 오행은 서로 만나면 반드시 생극비화(生剋比和)관계가 이루어진다. 즉 상생(相生)관계나 상극(相剋)관계 아니면 서로 비화(比和)된다.

상생(相生)＝木生火 火生土 土生金 金生水 水生木

목은 火를 생하고, 火는 土를 생하고, 土는 金을 생하고, 金은 水를 생하고, 水는 木을 생한다. 그러므로 木火가 상생관계요, 火土가 상생관계요, 土金이 상생관계요. 金水가 상생관계요, 水木이 상생관계다.

상극(相剋)＝木剋土 土剋水 水剋火 火剋金 金剋木

木은 土를 극하고, 土는 水를 극하고, 水는 火를 극하고 火는 金을 극하고 金은 木을 극한다. 그러므로 金木이 상극관계요. 木土가 상극관계요. 土水가 상극관계요. 水火가 상극관계요, 火金이 상극관계다.

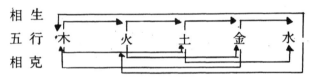

③ 오 행 소 속

○ 간지오행(干支五行)

甲乙寅卯木   丙丁巳午火   戊己辰戌丑未土   庚辛申酉金   壬癸亥子水

천간 甲乙과 지지 寅卯는 木이오, 천간 丙丁과 지지 巳午는 火요, 천간 戊己와 지지 辰戌丑未는 土요, 천간 庚辛과 지지 申酉는 金이오, 천간 壬癸와 지지 亥子는 水다.

○ 수(數)의 오행

一六水   二七火   三八木   四九金   五十土

一과 六은 水요, 二와 七은 火요 三과 八은 木이요 四와 九는 金이오. 五와 十은 土다.

○ 오행방위(五行方位)

東方木　南方火　中央土　西方金　北方水 또는

甲乙東方木　丙丁南方火　戊己中央土　庚辛西方金　壬癸北方水

○ 오행색(五行色)

靑色木　赤色火　黃色土　白色金　黑色水
청색목　　적색화　　황색토　　백색금　　흑색수

이를 다음과 같이 총칭하여 외운다.

甲乙東方靑色木　丙丁南方赤色火　戊己中央黃色土　庚辛西方白色金　壬癸
北方黑色水

가령 甲과 乙은 동방에 속하고, 甲乙木의 빛은 청색이다. 丙과 丁은 남방이
오. 丙丁火의 빛은 적색이다. 戊와 己는 중앙이오 戊己土의 빛은 황색이다.
庚과 辛은 서방이오, 庚辛金의 빛은 백색이다. 壬과 癸는 북방이요. 壬癸水의
빛은 흑색이다.

○ 간합오행(干合五行)

천간이 합을 만나면 다음과 같은 오행이 작용된다.

甲己合土　乙庚合金　丙辛合水　丁壬合木　戊癸合火

甲己가 합하면 土로 화하고, 乙庚이 합하면 金으로 화하고, 丙辛이 합하면
水로 화하고, 丁壬이 합하면 木으로 화하고, 戊癸가 합하면 火로 화한다.

○ 삼합오행(三合五行)

申子辰合水　巳酉丑合金　寅午戌合火　亥卯未合木

申子辰 또는 申辰 子辰 申子가 합하여 水로 화하고, 巳酉丑 또는 巳酉 酉
丑 巳丑이 합하면 金으로 화하고, 寅午戌, 또는 寅午 寅戌 午戌이 합하면 火
로 합하고, 亥卯未, 또는 亥未 卯未 亥卯가 합하면 木으로 화한다.

○ 육합오행(六合五行)

子丑合土　寅亥合木 辰酉合金 巳申合水 午未合(단 五行不變)

子丑이 합하면 土로 화하고, 寅亥가 합하면 木으로 화하고, 卯戌이 합하면
火요 辰酉가 합하면 金으로 화하고, 巳申이 합하면 水로 화하고 단 午未가
합하면 오행은 변치 않고 午는 火 未는 土 그대로이다.

4. 이십사절(二十四節)

① 절기(節氣)의 명칭

일년 가운데 다음과 같은 이십사절(二十四節)이 있다.

입춘(立春), 우수(雨水), 경칩(驚蟄), 춘분(春分), 청명(淸明), 곡우(穀雨),
입하(立夏), 소만(小滿), 망종(芒種), 하지(夏至), 소서(小暑), 대서(大暑),
입추(立秋), 처서(處暑), 백로(白露), 추분(秋分), 한로(寒露), 상강(霜降),
입동(立冬), 소설(小雪), 대설(大雪), 동지(冬至), 소한(小寒), 대한(大寒)

① 이십사절 소속

입춘(立春)＝正月節이 날은 구세(舊歲)에서 신년(新年)으로 바뀌는 기준
이다. 그러므로 가령 十二月에 입춘이 들었더라도 입춘일 입춘시간부터는 다
음해(新年) 태세(太歲)로 바뀌는 것이며 따라서 월건도 十二月이 아닌 다음
해 正月의 월건으로 작용(作用)한다.

또는 입춘이 아무리 신년 正月中에 들었다, 할지라도 입춘일 입춘시간이
되기 전 까지는 전년도 태세로 작용하며 따라서 월건도 전년 十二月의 월건
으로 작용해야 한다.

우수(雨水)＝正月의 중기(中氣),

경칩(驚蟄)＝二月節,이날(시간 포함)부터 비로소 二月의 월건을 적용한다.
그러므로 正月中에 있어도 경칩부터는 二月의 월건을 쓰고 二月中이라도 경
칩 전이면 正月의 월건을 적용한다.

춘분(春分)＝二月의 중기(中氣),

청명(淸明)＝三月節, 청명이 드는 일시부터 三月의 월건을 적용한다. 그러
므로 청명이 二月중에 있어도 청명부터는 三月의 월건을 쓰고, 三月에 들어
도 청명 전이면 二月의 월건을 쓴다.

곡우(穀雨)＝四月의 중기(中氣),

입하(立夏)＝五月節, 입하가 三月에 있어도 입하가 드는 일시부터는 四月
의 월건을 쓰고, 입하가 四月에 들어도 입하가 되기 전이면 三月의 월건을
쓴다.

소만(小滿)＝四月의 중기(中氣),

망종(芒種)＝五月節, 망종이 四月中에 있어도 망종이 드는 日時부터는 五月의 월건을 쓰고, 五月中에 들어도 망종 전이면 四月의 월건을 쓴다.

하지(夏至)＝五月의 중기(中氣),

소서(小暑)＝六月節, 소서가 五月中에 있어도 소서가 드는 日時부터는 六月의 월건을 쓰고, 六月中에 들어도 아직 소서 전이면 五月의 월건을 쓴다.

대서(大暑)＝六月의 중기(中氣),

입추(立秋)＝七月節, 입추가 六月中에 있어도 입추가 드는 日時부터는 七月의 월건을 쓰고, 七月中에 들어도 아직 입추 전이면 六月의 월건을 쓴다.

처서(處暑)＝七月의 중기(中氣),

백로(白露)＝八月節, 백로가 七月中에 들어도 백로가 드는 日時부터는 八月의 월건을 쓰고, 八月中에 들어도 아직 소서 전이면 七月의 월건을 쓴다.

추분(秋分)＝八月의 중기(中氣),

한로(寒露)＝九月節, 한로가 八月中에 있어도 한로가 드는 日時부터는 九月의 월건을 쓰고, 九月中에 들어도 아직 한로 전이면 八月의 월건을 쓴다.

상강(霜降)＝九月의 중기(中氣),

입동(立冬)＝十月節, 입동이 九月中에 있어도 입동이 드는 日時부터는 十月의 월건을 쓰고, 十月中에 들어도 아직 입동 전이면 九月의 월건을 쓴다.

소설(小雪)＝十月의 중기(中氣),

대설(大雪)＝十一月節, 대설이 十月中에 있어도 대설이 드는 日時부터는 十一月의 월건을 쓰고, 十一月에 들어도 대설 전이면 十月의 월건을 쓴다.

동지(冬至)＝十一月의 중기(中氣),

소한(小寒)＝十二月節, 소한이 十一月中에 들었어도 소한일 소한시간 이후부터는 十二月의 월건을 쓰고, 소한이 十二月에 들었어도 아직 소한 일시 전이면 十二月의 월건을 쓴다.

대한(大寒)＝十二月의 중기(中氣),

[참고] 절기(節氣)란 월건(月建)이 바뀌는 기준점이고 중기(中氣)란 월건이 시작되는 처음에서 끝의 중간점이다.

正月＝입춘(正月節)・우수(正月中氣)
二月＝경칩(二月節)・춘분(二月中氣)

三月＝청명(三月節)・곡우(三月中氣)

四月＝입하(四月節)・소만(四月中氣)

五月＝망종(五月節)・하지(五月中氣)

六月＝소서(六月節)・대서(六月中氣)

七月＝입추(七月節)・처서(七月中氣)

八月＝백로(八月節)・추분(八月中氣)

九月＝한로(九月節)・상강(九月中氣)

十月＝입동(十日節)・소설(十月中氣)

十一月＝대설(十一月節)・동지(十一月節)

十二月＝소한(十二月節)・대한(十二月中氣)

입　춘(立春) { 前이면 十二月의 月建
後부터 경칩 전까지 正月의 月建

경　칩(驚蟄) { 前이면 正月의 月建
後부터 청명 전까지 二月의 月建

청　명(淸明) { 前이면 二月의 月建
後부터 입하 전까지 三月의 月建

입　하(立夏) { 前이면 三月의 月建
後부터 망종 전까지 四月의 月建

망　종(芒種) { 前이면 四月의 月建
後부터 소서 전까지 五月의 月建

소　서(小暑) { 前이면 五月의 月建
後부터 입추 전까지 六月의 月建

입　추(立秋) { 前이면 六月의 月建
後부터 백로 전까지 七月의 月建

백　로(白露) { 前이면 七月의 月建
後부터 한로 전까지 八月의 月建

한　로(寒露) { 前이면 八月의 月建
後부터 입동 전까지 九月의 月建

입　동(立冬) { 前이면 九月의 月建
後부터 대설 전까지 十月의 月建

대　설(大雪) { 前이면 十一月의 月建
後부터 소한 전까지 十一月의 月建

소　한(小寒) { 前이면 十二月의 月建
　　　　　　 後부터 입춘 전까지 十二月의 月建

　이상은 生年月日時에 의한 四柱 구성 뿐 아니라 모든 신살(神殺)에도 이 원칙을 적용해야 한다. 왜냐하면 술학(術學)은 거의가 오행의 생극비화(生剋比和)에 의한 성쇠(盛衰)로 논하는 것이므로 음력 初一日을 기준하여 月建이 바뀌면 四時 기온의 도수(度數)에 맞지 않고, 절기(節氣)를 기준해야 한란조습(寒暖燥濕)의 도수에 맞기 때문이다. 그러므로 四柱를 구성할때 입춘(立春)에 태세(太歲)가 바뀐다는 것과 매월 월건은 그 달의 절일(節日)을 기준하여 바뀐다는 점을 이해하면 틀림이 없다.

5, 四柱 정하는 법

　萬歲曆을 활용하는 목적은 두가지가 있다. 陽曆과 陰曆관계, 즉 陽曆日字로 陰曆을 알아보고 陰曆日字로 陽曆을 알아보며, 陽曆·陰曆日字에 따르는 曜日, 그리고 그날 그날의 日辰이 무엇인가 하는 것이며, 또는 24節氣가 陽曆·陰曆으로 몇일에 들고, 節氣時間은 언제인가 하는 것, 또는 어느 달이 크고 작은가 등을 알아보려는데 있다. 둘째는 命學을 推理하려면 주인공의 生年月日時가 기본인데 무조건 生年月日時로 보는게 아니라 반드시 그 生年月日時에 의한 年月日時柱를 干支로 정해야 하므로 萬歲曆을 참고하지 않고서는 절대 불가능하다. 첫번째 목적은 누구나 本 萬歲曆을 펼쳐(해당되는 年度를 찾아)보면 알수가 있으나 年月日時의 干支(四柱)를 정하는데는 좀 복잡하다. 그래서 아래에 四柱정하는 요령을 상세히 설명한다.

① 年柱 정하는 법

　年柱란 그 해의 太歲요, 生年月日時로 따진다면 出生한 年度의 干支다. 흔히 甲子生이니 乙丑生이니 하여 生을 干支로 말하는 예가 있는바 甲子生이면 甲子가 年柱이고, 乙丑生이면 乙丑이 年柱다. 이 干支를 모를 경우에는 그 해의 西紀나 檀紀年度를 찾으면 왼편 윗편에 甲子 乙丑 등 六十甲子에 해당되는 干支가 쓰야 있다. 年柱는 그대로 쓰면되는데 다만 음력 12月生이나 正月生은 立春이 언제 든는가를 살펴보아야 한다. 四柱 정하는 법칙은 날짜로 正月 初一日에 新年으로 바뀌는게 아니라 반드시 立春日時가 되어야 해가 바뀌도록 되었다. 그래서 비록 이미 해가 바뀐 이후의 出生人이라도 入春前

이면 前年太歲를 써야 하고, 아직 해가 바뀌지 않은 12月生이라도 立春이 지났으면 다음해 太歲로 年柱를 정해야 한다. 예를 들어 서기 1960년은 太歲가 庚子인데 음력 正月 初9日 午前 4時 24分 이루부터라야 庚子年 太歲가 되고, 그 이전은 前年太歲인 己亥年이므로 이 경우의 年柱는 庚子가 아니라 전년 (1959) 태세인 己亥로 年柱를 정하는게 원칙임. (따라서 月建도 前年 12月의 月建인 丁丑月이 되는 것이다) 또한 한 예로 庚子年 음 12月 24日生은 날짜 상으로는 아직 해가 바뀌지 않았으나 立春이 이미 12月 19일 午前 10時 23分 에 들었으므로 예는 立春이 지난 뒤라 新年 太歲인 辛丑으로 年柱를 정해야 한다.(따라서 月建도 다음해 正月 丙寅으로 한다) 立春日과 生日이 같으면 立春이 드는 時, 分까지 따져 前인가, 뒤인가로 年柱(太歲)을 定해야 한다.

② 月柱 定하는 법.

生月의 月建(그 달의 干支)을 月柱라 한다. 月柱는 出生한 年度를 찾아 生日欄을 보면 月마다 月의 干支가 기록되어 그대로 쓰면 되지만 이 月柱도 무조건 날짜에 해당되는 月의 干支를 쓰는게 아니라 반드시 節氣日時를 기준해야 한다. 즉 生日 날짜를 不問하고, 節氣 前이면 前月의 月建, 節氣뒤면 다음달의 月建을 써야 한다. 먼저 그달 그달에 해당하는 節氣가 무엇인지 알아본 다음에 예로서 설명한다.

立春 : 正月節, 立春日時 뒤라야 正月의 月建, 前이면 前年 十二月의 月建.

驚蟄 : 二月節, 驚蟄日時 뒤라야 二月의 月建, 前이면 正月의 月建.

淸明 : 三月節, 淸明日時 뒤라야 三月의 月建, 前이면 二月의 月建.

立夏 : 四月節, 立夏日時 뒤라야 四月의 月建, 前이면 三月의 月建.

芒種 : 五月節, 芒種日時 뒤라야 五月의 月建, 前이면 四月의 月建.

小暑 : 六月節, 小暑日時 뒤라야 六月의 月建, 前이면 五月의 月建.

立秋 : 七月節, 立秋日時 뒤라야 七月의 月建, 前이면 六月의 月建.

白露 : 八月節, 白露日時 뒤라야 八月의 月建, 前이면 七月의 月建.

寒露 : 九月節, 寒露日時 뒤라야 九月의 月建, 前이면 八月의 月建.

立冬 : 十月節, 立冬日時 뒤라야 十月의 月建, 前이면 九月의 月建.

大雪 : 十一月節, 大雪日時 뒤라야 十一月의 月建, 前이면 十月의 月建.

小寒 : 十二月節, 小寒日時 뒤라야 十二月의 月建, 前이면 十一月의 月建.

가령 1960年 6월 12일生이라면 6월 月建 癸未를 쓰는게 아니라 5월의 月建 壬午로 쓴다. 왜냐 합면 6월이 되려면 小暑가 生日 뒤인 6월 14일 11시 13분에 들었으므로 이날 이시간 뒤라야 6월의 月建을 쓰게 되는 까닭이다. 또 당년(1960) 9월 23일생이면 날짜상으로는 아직 9월중에 있으나 10월 節氣인 立冬이 이미 9월 19일 오후 7시 3분에 들어 이날 이시간부터는 10월의 월건인 丁亥로 써야 한다.

[참고] ① 年柱와 12월 正月의 月建은 立春日時를 보아 立春이 正月中에 있어도 立春日時 前이면 前年太歲로 年柱, 前年 12월 月建으로 月柱를 삼고, 立春이 12月中에 있어도 立春日時 뒤면 다음해 太歲로 年柱, 다음해 正月의 月建으로 月柱를 삼아야 한다.

② 正月과 12月生이 아닌 경우는 모두 그 달에 소속된 節氣드는 日時를 위주하여 節氣日時 前이면 前節氣에 속한 月建을 쓰고, 節氣日時 뒤면 날짜상 前月이라도 다음달 月建(節氣에 해당하는)을 써야 한다.

아래 표를 참조하면 月建 정하기가 편리할 것이다.

月＼年	甲己年	乙庚年	丙辛年	丁壬年	戊癸年	해 당 節氣
正 月 建	丙 寅	戊 寅	庚 寅	壬 寅	甲 寅	立 春
二 月 建	丁 卯	己 卯	辛 卯	癸 卯	乙 卯	驚 蟄
三 月 建	戊 辰	庚 辰	壬 辰	甲 辰	丙 辰	清 明
四 月 建	己 巳	辛 巳	癸 巳	乙 巳	丁 巳	立 夏
五 月 建	庚 午	壬 午	甲 午	丙 午	戊 午	芒 種
六 月 建	辛 未	癸 未	乙 未	丁 未	乙 未	小 暑
七 月 建	壬 申	甲 申甲	丙 甲	戊 甲	庚 申	立 秋
八 月 建	癸 酉	乙 酉	丁 酉	己 酉	辛 酉	白 露
九 月 建	甲 戌	丙 戌	戊 戌	寅 戌	壬 戌	寒 露
十 月 建	乙 亥	丁 亥	己 亥	辛 亥	癸 亥	立 冬
十一月建	丙 子	戊 子	庚 子	壬 子	甲 子	大 雪
十二月建	丁 丑	己 丑	辛 丑	癸 丑	乙 丑	小 寒

③ 日柱 정하는 법.

日柱는 出生日(혹은 그날)에 해당하는 干支(日辰)로써 음양력을 막론하고 出生日에 해당하는 干支 그대로 기록하면 된다. 단 萬歲曆에 의하지 않고는 불가능 하다. 고로 서기년도를 찾아 生月, 生日欄을 찾으면 甲子니 乙丑 등이 기록되어 있는바 그대로 쓰면 된다. 가령 서기 1960年 양 7月 25日生(음 윤 6월2일)이라면 甲寅으로 日柱를 정하게 된다.

④ 時柱 정하는 법

時柱를 정하려면 현대시간으로 十二支 時法을 알아야 하고, 또는 무조건 子時니 丑時 하는게 아니라 干支를 다 붙여 甲子時니 乙丑時 등의 예로 정해야 한다. 우선 아래와 같은 것을 알아두어야 한다.

子時 : 1밤 11시 0분부터 다음날 1시전(11시~12시)

丑時 : 새벽 1시부터 3시전(1시~2시)

寅時 : 새벽 3시부터 5시전(3시~4시)

卯時 : 아침 5시부터 7시전(5시~6시)

辰時 : 아침 7시부터 9시전(7시~8시)

巳時 : 낮 9시부터 11시전(9시~10시)

午時 : 낮 11시부터 오후 1시전(11시~12시)

未時 : 오후 1시부터 3시전(1시~2시)

申時 : 오후 3시부터 5시전(3시~4시)

酉時 : 저녁 5시부터 7시전(5시~6시)

戌時 : 저녁 7시부터 9시전(7시~8시)

亥時 : 밤 9시부터 11시전(9~10시)

[참고] 서기 1961년 8월 10일부터 낮 12시를 12시 30분으로 30분 앞당겨 현재까지 사용해오고 있다. 十二支時의 정확한 度數는 태양이 正南(南中)에 위치할 때 正午(낮12시 0분)라야 한다. 30분 앞당겼으므로 12시 30분에야 태양이 正南(서울지방 기준)에 위치한다. 고로 1961년 8월 10일 이후부터는 30분 늦추어 밤 11시 30분에 子初(子時)가 시작되어야 하고, 이에 따라 日辰은 밤 0시 30분이 되어야 다음날로 바뀐다는 점을 알아두어야 한다. 그리고, 서머타임 기간중 1시간 혹은 30분 앞당겨 사용한 것도 참작해서 계산해야 한다. 서머타임이 실시된 연도와 날짜 기간은 해당되는 연도 아래에 표시해 놓았으니 참고하면 된다. 한가지 예로 서기 1987년 5월 10일부터 10월 11일까지 서머타임제를 둔바 이 기간중에는 가령 낮 12시 30분 출생일 경우 오전 11시 30분 출생으로 보아야 한다. 여기에서 30분을 또 빼면(1961년 8월부터 30분

앞당긴 것) 사실상(十二支 원칙상)의 시간은 11시 0분이라야 한다.

이상의 요령으로 十二支時 가운데 어느 時에 해당하는가를 알았으면, 다음에는 그날의 日干(日辰의 天干… 日辰 위글자)으로 時의 干支를 알아 時柱를 정해야 한다. 아래 표를 참고하라.

時 日	子時(0시)	丑	寅	卯	辰	巳	午	未	申	酉	戌	亥	(子)(밤)11시
甲己日	甲子	乙丑	丙寅	丁卯	戊辰	己巳	庚午	辛未	壬申	癸酉	甲戌	乙亥	(丙子)
乙庚日	丙子	丁丑	戊寅	己卯	庚辰	辛巳	壬午	癸未	甲申	乙酉	丙戌	丁亥	(戊子)
丙辛日	戊子	己丑	庚寅	辛卯	壬辰	癸巳	甲午	乙未	丙申	丁酉	戊戌	己亥	(庚子)
丁壬日	庚子	辛丑	壬寅	癸卯	甲辰	乙巳	丙午	丁未	戊申	己酉	庚戌	辛亥	(壬子)
戊癸日	壬子	癸丑	甲寅	乙卯	丙辰	丁巳	戊午	己未	庚申	辛酉	壬戌	癸亥	(甲子)

※ 甲己日이란 甲子 甲戌 甲申 甲午 甲辰 甲寅日과 己巳 己卯 己丑 己亥 己酉 己未日의 예로 日의 天干이 甲과 己로 구성된 것임.

그러므로 가령 甲午日 卯時는 丁卯가 時柱요, 乙巳日 申時는 甲申이 時柱요, 壬子日 酉時는 己酉로 時柱를 정한다.

6. 신　살(神殺)

신살(神殺)이란 길신(吉神)과 흉살(凶殺)을 말한다. 사람마다 사주 가운데 길신 또는 흉살이 있기 마련인데 어떤 길신이 있으며 어떤 흉살이 있는가를 살피고 또 그 길신 또는 흉신은 어떠한 작용을 하는가에 대해 간단히 기록한다.

① 길　신(吉神)

○ 천을귀인(天乙貴人)

아래와 같은 천을귀인이 있으면 인덕이 많아 주위 환경에서 도와주는이가 많아 어려움을 당해도 무난히 해결된다. 또는 총명하고 착한데 흉한 일을 만나도 그것이 계기가 되어 도리어 좋아진다는 길성이다. 천을 귀인은 다음과 같다.

　甲戊庚日에 丑未, 乙己日에 子申, 丙丁日에 亥酉,

　辛日에 寅午, 壬癸日에 巳卯.

일 干	甲	乙	丙	丁	戊	己	庚	辛	壬	癸
천 을 귀 인	未 丑	申 子	酉 亥	酉 亥	未 丑	申 子	未 丑	午 寅	卯 巳	卯 巳

가령 甲이나 戊나 庚日生이 年月日時支 가운데 丑이나 未가 있으면 곧 천을귀인이다.

○ 천월덕귀인(天月德貴人)

이 천덕귀인이나 월덕귀인이 있는 사람은 천을귀인과 마찬가지로 귀인의 도움이 많고 일생 나쁜 액을 당하지 아니한다. 천월덕귀인은 아래와 같다.

천덕귀인＝正月丁 二月申 三月壬 四月辛 五月亥 六月甲

七月癸 八月寅 九月丙 十月乙 十一月巳 十二月庚

월덕귀인＝正五九月 丙　　二六十月 甲

三七十一月 壬　　四八十二月 庚

월 별	正	二	三	四	五	六	七	八	九	十	十一	十二
천덕귀인	丁	申	壬	辛	亥	甲	癸	寅	丙	乙	巳	庚
월덕귀인	丙	甲	壬	庚	丙	甲	壬	庚	丙	甲	壬	庚

가령 正月生人이 사주 가운데 丁이 있으면 천덕귀인이오 丙이 있으면 월덕귀인이다.

○ 건   록(建祿)

이 건록을 정록(正祿) 또는 천록(天祿) 혹은 그냥 녹(祿)이라고도 한다. 이 건록이 있는 사람은 몸이 건강하고 생활의 기반이 튼튼하며 일생 의식 걱정을 아니한다. 건록은 다음과 같다.

甲日寅　乙日卯　丙戊日巳　丁己日午

庚日申　辛日酉　壬日亥　　癸日子

日 干	甲	乙	丙	丁	戊	己	庚	辛	壬	癸
건 록	寅	卯	巳	午	巳	午	申	酉	亥	子

가령 甲日生이 月日時支가운데 寅이 있으면 건록이다.

○ 암   록(暗祿)

암록은 건록의 육합(六合)되는 곳으로 이 암록이 있는 사람은 숨은 인덕이 있어 남모르는 도움을 받게 되고 귀인의 도움이 많다. 암록은 아래와 같다.

甲日亥　乙日戌　丙戊日申　丁己日未

庚日巳　辛日辰　壬日寅　　癸日丑

日　　干	甲	乙	丙	丁	戊	己	庚	辛	壬	癸
암　　록	亥	戌	申	未	申	未	巳	辰	寅	丑

가령 甲日生이 月日時支 가운데 亥가 있으면 암록이다.

○ 금　여(金興)

아래와 같은 금여가 있는 사람은 용모가 단정하고 온화하며 재주가 있어 사람들의 존경을 받게 된다. 그리고 금여가 있으면 좋은 배우자를 만나고, 시지(時支)에 있으면 일가친척의 도움이 많고 자손도 훌륭히 둔다.

甲日辰　乙日巳　丙日未　丁日申　戊日未

己日申　庚日戌　辛日亥　壬日丑　癸日寅

日　　干	甲	乙	丙	丁	戊	巳	庚	辛	壬	癸
금　　여	辰	巳	未	申	未	申	戌	亥	丑	寅

가령 甲日生이 月日時支 가운데 辰이 있으면 금여라 한다.

○ 장　성(將星)

이 장성이 있는 사람은 성격이 강하고 자존심이 강해서 굽히기를 싫어한다. 장성이 다른 길신과 만나면 문무겸전하여 크게 출세한다. 여자는 팔자가 세다.

申子辰年日-子, 巳酉丑年日-酉, 寅午戌年日-午, 亥卯未年日-卯

年 日 支	子	丑	寅	卯	辰	巳	午	未	申	酉	戌	亥
장　　성	子	酉	午	卯	子	酉	午	卯	子	酉	午	卯

가령 申子辰年生이 月日時에 子를 만나거나 申子辰日生이 年月時에 子를 만나면 장성이다.

○ 문　창(文昌)

이 문창성이 있으면 총명하여 학문에 뛰어나고 풍류를 좋아한다.. 문창성은 아래와 같다.

甲日巳 乙日午 丙戊日申 丁己日酉 庚日亥 辛日子 壬日寅 癸日卯

日 干	甲	乙	丙	丁	戊	巳	庚	辛	壬	癸
문 창	巳	午	申	酉	申	酉	亥	子	寅	卯

가령 甲日生이 年月日時支 가운데 巳가 있으면 문창성이다.

○ 역　마(驛馬)

이 역마가 있고 다른 길신을 만나면 외지(外地)에서 이름을 떨치거나 상업무역 운수업으로 성공하고 또는 해외출입이 순조로우나 사주 격국이 나쁘거나 흉신이 임하면 일생 객지 풍상이 심하여 편할 날이 없다고 한다.

申子辰年日－寅 巳酉丑年日－亥, 寅午戌年日－申, 亥卯未年日－巳

年日支	子	丑	寅	卯	辰	巳	午	未	申	酉	戌	亥
역　마	寅	亥	申	巳	寅	亥	申	巳	寅	亥	申	巳

가령 申子辰年生이 月日時에 寅이 있거나 申子辰日生이 年月時 가운데 寅이 있으면 역마다.

○ 화　개(華盖)

이 화개가 있으면 총명하고 문장의 실력이 뛰어나며 예술에도 조예가 깊은데 낭만성이 농후하여 돈이 헤프다. 여자는 화개가 많으면 고독하거나 화류계가 되기 쉽다.

申子辰年日－辰, 巳酉丑年日－丑, 寅午戌年日－戌, 亥卯未年日－未

年日支	子	丑	寅	卯	辰	巳	午	未	申	酉	戌	亥
화　개	辰	丑	戌	未	辰	丑	戌	未	辰	丑	戌	未

가령 申子辰年生이 月日時支 가운데 辰이 있으면 화개요, 申子辰日生이 年月時支 가운데 辰이 있으면 화개다.

○ 홍란성(紅鸞星)

이 홍란성이 사주 가운데 있으면 용모가 단정하고 아름다우며 마음씨가 곱고 온화하다.

年 日支	子	丑	寅	卯	辰	巳	午	未	申	酉	戌	亥
홍 란 성	卯	寅	丑	子	亥	戌	酉	申	未	午	巳	辰

子生-卯　　丑生-寅　　寅生-丑　　卯生-子　　辰生-亥　　巳生-戌
午生-酉　　未生-申　　申生-未　　酉生-午　　戌生-巳　　亥生-辰

가령 子年生이 月日時支 가운데 卯가 있으면 홍란성이다.

○ 삼　기(三奇)

아래와 같은 삼기를 갖춘 사람은 영웅수재(英雄秀才)가 될 가능성이 높다
한다. 고로 일찍 출세하여 이름을 떨친다.

甲戊庚全＝이를 천상삼기(天上三奇)라 한다.
乙丙丁全＝이를 지하삼기(地下三奇)라 한다.
壬癸辛全＝이를 인중삼기(人中三奇)라 한다.

가령 四柱의 天干에 甲戊庚 三字가 모두 있어야만 이에 해당한다. 乙丙丁
壬癸辛도 마찬가지다.

○ 육　수(六秀)

아래 일진에 태어난 사람은 재치 있고 재주가 총명하다. 단 너무 약고 이
기적(利己的)인 경향이 있다.

戊子日　　己丑日　　戊午日　　己未日　　丙午日

○ 복덕수기(福德秀氣)

아래에 해당되는 복덕수기를 갖춘 사람은 총명하고 복록이 따른다.

乙乙乙全　　巳酉丑全

사주에 乙字 셋이 있거나 지지에 巳酉丑 金局을 온전히 놓으면 이에 해당
한다.

○ 천　혁(天赫)

아래와 같은 천혁이 있으면 나쁜 액을 만나도 우연히 전화위복 한다.

春三月-戊寅日　夏三月-甲午日,　秋三月-戊申日,　冬三月-甲子日

가령 正月 二月 三月 중에 출행하여 戊寅日生이면 이에 해당한다. 하(夏)
는 四五六月, 추(秋)는 七八九月, 동(冬)은 十十一, 十二月生이다.

○ 괴　강(魁罡)

이 괴강성은 길신의 작용도 하고, 흉신의 작용도 한다. 길흉간에 극단으로 몰고 가는 성신이므로 대부(大富) 대귀(大貴)가 아니면, 극히 빈천해진다. 사주에 이 괴강이 많으면 크게 부귀하는데 단 여자는 팔자가 세어 고독하다.

　庚辰　庚戌　壬辰　壬戌　戊戌

　[참고]

　이 이상의 길신(吉神)이 공망(空亡)및 형충파해(刑冲破害)또는 사절묘(死絶墓)에 들지 않아야 길신으로서의 효력을 발휘한다. 만일 길신이 있더라도 공망을 만나거나 형충파해 되거나 십이 운성으로 사절묘에 들면 길신으로서의 아무런 효력이 없다.

② 흉　신(凶神)

　○ 공　망(空亡)

　즉 순중공망(旬中空亡)이다. 공망은 모든 성신(星辰-凶神을 막론하고)의 작용력을 무력화(無力化)시킨다. 그러므로 길신이 공망이면 흉하고, 흉살이 공망된 경우는 도리어 좋다.

　생년이 공망이면 부모 조상의 덕이 없고, 생월이 공망이면 형제무덕 하거나 유산이 없어 자수성가 해야 하고, 일지(日支)가 공망이면 처덕이 없고, 시지(時支)가 공망이면 자손덕이 없거나 자손을 실패한다.

　공망은 아래와 같다.

　甲子旬中(甲子에서　癸酉日까지)-戌亥空
　甲戌旬中(甲戌에서　癸未日까지)-申酉空
　甲申旬中(甲申에서　癸巳日까지)-午未空
　甲午旬中(甲午에서　癸卯日까지)-辰巳空
　甲辰旬中(甲辰에서　癸丑日까지)-寅卯空
　甲寅旬中(甲寅에서　癸亥日까지)-子丑空

　가령 生日이 庚午日이라면 甲子旬中에 해당하니 사주 가운데 戌이나 亥가 있으면 이를 공망이라 한다.

　○ 양　인(羊刃)

　양인은 살성(殺星)으로 성격이 급하고 사납고 독하고 자인하며 부상(負傷) 손재 질병 등을 초래한다. 단 사주 격국이 길하면 무관(武官)이나 형관(刑官)으로 출세한다.

甲日卯　　乙日辰　　丙戊日午　　丁己日未　　庚日酉　　辛日戌
壬日子　　癸日丑

日　간	甲	乙	丙	丁	戊	巳	庚	辛	壬	癸
양　인	卯	辰	午	未	午	未	酉	戌	子	丑

가령 甲日生이 年月日時支 가운데 卯가 있으면 양인살이다.

○ 고과살(孤寡殺)

고과(孤寡)란 고신(孤辰), 과숙(寡宿)인데 남자는 고실살이 있으면 홀아비가 되는 살이오 여자는 과숙살이 있으면 과부가 되는 살이라 한다. 사주가 길격으로 되어 있는 중에 이 살이 있으면 한 때 공방수에 불과하나 사주가 흉격인데다 이 살이 있으면 부부간에 생이사별을 면치못한다고 한다.

亥子丑年日一寅戌(寅이　고신　戌이　과숙)
寅卯辰年日一巳丑(巳가　고신　丑이　과숙)
巳午未年日一申辰(申이　고신　辰이　과숙)
申酉戌年日一亥未(亥가　고신　未가　과숙)

年 日 支	子	丑	寅	卯	辰	巳	午	未	申	酉	戌	亥
고 신(남)	寅	寅	巳	巳	巳	申	申	申	亥	亥	亥	寅
과 숙(여)	戌	戌	丑	丑	丑	辰	辰	辰	未	未	未	戌

가령 男子 子年生이 月日時에 寅이 있거나 子日生이 年月時에 寅이 있으면 고신살이오, 여자 子年生이 月日時에 戌이 있거나 子日生이 年月時에 戌이 있으면 과숙살이다.

○ 도　화(桃花)

도화를 함지살(咸池殺) 또는 목욕살(沐浴殺) 또는 패신(敗神)이라고도 한다. 이 도화살이 있으면 남녀를 막론하고 색정(色情)에 방탕하기 쉽고 사치와 허영을 좋아한다. 또는 이성을 유혹하는 매력이 있다 한다.

도화살은 아래와 같다.

年 支	子	丑	寅	卯	辰	巳	午	未	申	酉	戌	亥
도 화 살	酉	午	卯	子	酉	午	卯	子	酉	午	卯	子

申子辰年日-酉, 巳酉丑年日-午, 寅午 戌年日-卯 亥卯未年日-子

가령 申子辰年生이 月日時支에 酉가 있거나 申子辰日生이 年月時支에 酉가 있으면 도화살이다.

○ 기타 흉신

年　日　支	子	丑	寅	卯	辰	巳	午	未	申	酉	戌	亥	備　　　考
혈인(血刃)	丑	未	寅	申	卯	酉	辰	戌	巳	亥	午	子	年支기준
관재(官災)	卯	辰	巳	午	未	申	酉	戌	亥	子	丑	寅	年으로月支
재혼(再婚)	五	六	七	八	九	十	十一	十二	正	二	三	四	年으로月支
중혼(重婚)	四	五	六	七	八	九	十	十一	十二	正	二	三	年으로月支
오귀(五鬼)	辰	巳	午	未	申	酉	戌	亥	子	丑	寅	卯	日支기준
상문(喪門)	寅	卯	辰	巳	午	未	申	酉	戌	亥	子	丑	年支기준
조객(吊客)	戌	亥	子	丑	寅	卯	辰	巳	午	未	申	酉	年支기준

③ 십이살(十二殺)

이 십이살 가운데 장성, 반안, 역마, 화개는 살이 아니다.

구분 / 年度	겁살	재살	천살	지살	연살	월산	망신	장성	반안	역마	육해	해개
申子辰生	巳	午	未	申	酉	戌	亥	子	丑	寅	卯	辰
巳酉丑生	寅	卯	辰	巳	午	未	申	酉	戌	亥	子	丑
寅午戌生	亥	子	丑	寅	卯	辰	巳	午	未	申	酉	戌
亥卯未生	申	酉	戌	亥	子	丑	寅	卯	辰	巳	午	未

④ 십이운성(十二運星)

십이운성법(十二運星法)에는 두 가지가 있다. 하나는 年이나 日支를 기준하여 정해지는 정국인데, 이를 포태법(胞胎法)이라 하고, 하나는 日干을 기준한 정국인데 이를 장생십이신(長生十二神)이라고도 한다.

○ 포태십이신(胞胎十二神)

金 絶 於 寅 = 巳酉丑　金은 포(胞)를 寅에 붙이고

木 絶 於 申＝亥卯未　木은 포를 申에 붙이고,

水土絶於巳＝申子辰　水土는 포를 巳에 붙이고,

火 絶 於 亥＝寅午戌　火局은 胞를 亥에 붙인다.

이와 같은 원칙으로 포(胞－즉 絶)를 일으켜 태(胎), 양(養), 생(生), 욕(浴), 대(帶), 관(官), 왕(旺), 쇠(衰), 병(病), 사(死), 장(葬)으로 순행(順行)하면 아래와 같다.

年度＼구분	胞	胎	養	生	浴	帶	官	旺	衰	病	死	葬
申子辰水	巳	午	未	申	酉	戌	亥	子	丑	寅	卯	辰
巳酉丑金	寅	卯	辰	巳	午	未	申	酉	戌	亥	子	丑
寅午戌火	亥	子	丑	寅	卯	辰	巳	午	未	申	酉	戌
亥卯未木	申	酉	戌	亥	子	丑	寅	卯	辰	巳	午	未

金寅　　水土巳　　火亥　　木申, 이는 포태법을 가장 간단하게 암기하는 요령이다. 가령 申子辰 水土局은 巳에 포를 붙여 순행하면 午에 태, 未에 양, 申에 생, 酉에 욕, 戌에 대, 亥에 관, 子에 왕, 丑에 쇠, 寅에 병, 卯에 사 辰에 장이 된다. 기타 火局, 金局, 木局도 모두 이와 같은 요령에 의한다.

　　○ 장생십이신(長生十二神)

장생법(長生法)이라 하는바 붙이는 요령은 다음과 같다.

木 長 生 亥＝오행이 木이면 장생을 亥에,

火土長生寅＝오행이 火土면 장생을 寅에

金 長 生 巳＝오행이 金이면 장생을 巳에,

水 長 生 申＝오행이 水면 장생을 申에

이상의 원칙으로 장생을 일으켜 목욕(沐浴), 관대(冠帶), 임관(臨官), 제왕(帝王), 쇠(衰), 병(病), 사(死), 묘(墓), 절(絶), 태(胎), 양(養)의 순서로 순행(順行)한다.

五行 \ 구분	장생 (長生)	목욕 (沐浴)	관대 (冠帶)	임관 (臨官)	제왕 (帝旺)	쇠 (衰)	병 (病)	사 (死)	묘 (墓)	절 (絶)	태 (胎)	양 (養)
木	亥	子	丑	寅	卯	辰	巳	午	未	申	酉	戌
火土	寅	卯	辰	巳	午	未	申	酉	戌	亥	子	丑
金	巳	午	未	申	酉	戌	亥	子	丑	寅	卯	辰
水	申	酉	戌	亥	子	丑	寅	卯	辰	巳	午	未

가령 木은 亥에 장생을 붙여 순행하니 子에 목욕, 丑에 관대, 寅에 임관, 卯에 제왕, 辰에 쇠, 巳에 병, 午에 사, 未에 묘, 申에 절, 酉에 태, 戌에 양이 된다. 기타 火土, 金 水의 경우도 木의 예와 마찬가지다.

또는 십이장생을 음양으로 구분해서 양(陽)은 순행(順行)하고 음(陰)은 역행(逆行)한다.

甲木長生亥　乙木長生午,

丙火長生寅　丁火長生酉

戊土長生寅　己土長生酉

庚金長生巳　辛金長生子

壬水長生申　癸水長生卯

甲丙戊庚壬 양간은 十二支를 순행하고 乙丁己辛癸 음간은 十二支를 역행하면 아래의 정국표(定局表)와 같다.

十二神 \ 日干	甲	乙	丙	丁	戊	己	庚	辛	壬	癸
장 생(長 生)	亥	午	寅	酉	寅	酉	巳	子	申	卯
목 욕(沐 浴)	子	巳	卯	申	卯	申	午	亥	酉	寅
관 대(冠 帶)	丑	辰	辰	未	辰	未	未	戌	戌	丑
임 관(臨 官)	寅	卯	巳	午	巳	午	申	酉	亥	子
제 왕(帝 旺)	卯	寅	午	巳	午	巳	酉	申	子	亥
쇠(衰)	辰	丑	未	辰	未	辰	戌	未	丑	戌
병(病)	巳	子	申	卯	申	卯	亥	午	寅	酉
사(死)	午	亥	酉	寅	酉	寅	子	巳	卯	申
묘(墓)·고(庫)	未	戌	戌	丑	戌	丑	丑	辰	辰	未

절(絶)	申	酉	亥	子	亥	子	寅	卯	巳	午
태(胎)	酉	申	子	亥	子	亥	卯	寅	午	巳
양(養)	戌	未	丑	戌	丑	戌	辰	丑	未	辰

7. 남녀궁합법(男女宮合法)

① 납음궁합(納音宮合)

납음궁합이란 남녀 생년태세(生年太歲)의 납음오행(納音五行)으로 생극비화(生剋比和)관계를 따져 상생(相生)되면 길하고 상극(相剋)되면 불길하며 비화(比和)되면 길한 경우도 있고 불길한 경우도 있다 하는데 金金 火火의 비화는 나쁘고 水水 土土 木木의 비화는 좋게 보는 것이다.

이 납음궁합을 보려면 우선 남녀 생년태세가 어떤 오행에 속하는가를 알아야 한다. 아래와 같다.

○ 육십갑자납음오행(六十甲子音五行)

甲子 乙丑	해중금(海中金)	甲申 乙酉	천중수(泉中水)	甲辰 乙巳	복등화(覆燈火)
丙寅 丁卯	노중화(爐中火)	丙戌 丁亥	옥상토(屋上土)	丙午 丁未	천하수(天河水)
戊辰 己巳	대림목(大林木)	戊子 己丑	벽력화(霹靂火)	戊申 己酉	대역토(大驛土)
庚午 辛未	노방토(路傍土)	庚寅 辛卯	송백목(松柏木)	庚戌 辛亥	차천금(釵釧金)
壬申 癸酉	검봉금(劍鋒金)	壬辰 癸巳	장류수(長流水)	壬子 癸丑	상자목(桑柘木)
甲戌 乙亥	산두화(山頭火)	甲午 乙未	사중금(沙中金)	甲寅 乙卯	대계수(大溪水)
丙子 丁丑	간하수(澗下水)	丙申 丁酉	산하화(山下火)	丙辰 丁巳	사중토(沙中土)
戊寅 己卯	성두토(城頭土)	戊戌 己亥	평지목(平地木)	戊申 己未	천상화(天上火)
庚辰 辛巳	백납금(白鑞金)	庚子 辛丑	옥상토(屋上土)	庚戌 辛酉	석류목(石榴木)
壬午 癸未	양류목(楊柳木)	壬寅 癸卯	금박금(金箔金)	壬戌 癸亥	대해수(大海水)

그런데 남녀가 상극될 경우 여자가 남자의 극을 받는 것 보다 남자가 여자의 극을 받음이 더욱 마땅치 않다. 그리고 남녀를 막론하고 극을 받으면(相 剋되는 것)나쁘다 하나 다음과 같은 경우에는 극 받는 것을 도리어 기뻐한다.

○ 金은 火의 극을 꺼리지만 甲午 · 乙未 사중금(沙中金)과 庚戌 · 辛亥 차천금(釵釧金)은 火를 만나야 성공하고,

○ 火는 水의 극을 꺼리지만 戊子 · 己丑 벽력화(霹靂火)와 丙申 · 丁酉 산하화(山下火)와 戊午 · 己未 천상화(天上火)는 水이 아니면 평화를 누리지 못하고,

○ 土는 木의 극을 꺼리지만 庚午 · 辛未 노방토(路傍土)와 戊申 · 己酉 대역토(大驛土)와 丙辰 丁巳 사중토(沙中土)는 목이 아니면 평생의 행복을 그르치고,

○ 水는 土의 극을 꺼리지만 丙午 · 丁未 천하수(天河水)와 壬戌 · 癸亥 대해수(大海水)는 土를 만나면 자연히 발복되고

○ 木은 金의 극을 꺼리지만 오직 戊戌 · 己亥 평지목(平地木)은 金이 아니면 성공을 얻기 어렵다.

○ 납음궁합 해설

男金女金＝길 옆에 서 있는 복숭아와 살구나무 격(道傍桃杏)

두 金이 부딪히면 소리가 나는 법, 강과 강이 만나 맞서니 가정이 시끄럽고 부부 불화하니 집을 잘 비우고 타향에 나가 풍상을 겪는다.

男金女木＝고난을 겪은 뒤 창성한다.(困而得昌)

金克木으로 金木이 상극이나 남자가 여자를 극하므로 발복하고 잡안도 안락할 것이다.

男金女水＝물고기와 용이 물을 얻은 격(魚龍得水格)

상생궁합, 고로 대길하여 부부 금슬이 좋고 일생 이별 없이 해로하며, 자손이 슬하에 가득하되 모두 효성으로 양친을 받든다. 초목이 봄을 만난듯이 날로 발전하는 대길한 궁합이다.

男金女火＝화분속의 매화가 봄을 기다리는격(盆梅待春格)

火克金으로 상극되어 불길한 것 같으나 金이 용광로에 들면 단련되어 훌륭한 그릇이 된다. 고로 이 궁합은 기국이 작은 사람은 불길하여 이별 수 있고, 기국이 큰 사람은 크게 성취한다. 단 초년의 곤고가 있은 뒤에야 발달하

는 궁합이다.

男金女土＝봄에 난초를 심는 격(春日植蘭格)

土金이 상생하니 삼생(三生)의 연분이 만나 백년해로 한다. 부귀빈천이야 하늘이 정한 운명이니 어쩔 수 없으나 같이 근심하고 같이 즐거워하면서 일생 다정하게 지낸다.

南木女木＝소는 농사 짓고 말은 수레를 끄는 격(牛耕馬行格)

木木이 비화되어 서로 맞서는 상이니 부부간의 뜻이 각기 다르다. 금슬은 좋다 할수 없으나 서로 돕는 마음으로 합심하면 자수성가.하여 재부(財富)를 누린다.

男木女水＝물고기가 변하여 용이 된 격(魚變化龍格)

金水가 상생하니 남편은 아내를 아끼고 아내는 남편을 공경하여 가도가 세워지고 온 가정이 화락한다. 뿐 아니라 마른 나무가 봄을 만난 것 같이 날로 가업이 번창하고 자손도 크게 영귀하는 자장 이상적인 궁합이다.

男木女火＝높은 별당에 앉아 거문고를 타는 격(高堂彈琴格)

木火가 상생이라 부부 금슬이 지극하다. 슬하에 많은 자녀들을 두어 가정의 즐거움이 끊일날 없고, 일생 큰 액이 없이 백년해로 할 것이다.

男木女土＝물고기가 못 속에서 노는 격(魚遊沼澤格)

木克土로 상극이라 하나 한편 木은 흙에 뿌리를 박고 자라는 것이므로 나쁜것 같으면서도 나쁘지 않다. 다만 남편 자신이 아내를 사랑하기에 노력한다면 의식이 족하고 원만한 가정을 누리면서 해로할 것이다.

男水女金＝봄에 꽃이 피고 가지가 돋아나는 격(春生花枝格)

金生水로 상생궁합이니 어질고 착한 아내와 三남 四녀의 자녀를 두어 슬하의 영화도 극진하다.

男水女木＝평탄한 길을 말이 달리는 격(坦道馳馬格)

水生木이니 부부가 다정하고 일생 이별이 없다. 혹 부부가 만날 때 빈궁하더라도 날과 달로 발전하여 티끌모아 태산을 이루듯이 마침내는 크게 성공할 것이오, 자손도 창성하여 부귀를 얻게 되리라.

男水女水＝물고기가 봄물결 속에서 평화롭게 노는 격(魚遊春水格)

水水가 서로 합하니 시내물이 모여 강(江)이 되고, 잔솔을 심어 낙락장송이 된다. 전생의 인연이 이생에서 다시 만난것 같이 부부간에 백년화락 할 것이오 만사가 다 성취되어 무궁한 복록을 누릴 것이다.

男水女火 = 소경이 개울 옆에서 지팡이를 짚고 서 있는 격(盲杖立溝格)

水火가 상극이니 부부의 뜻이 다르고 마음이 다르다. 전생에 원수가 만난 듯이 서로 미워하여 걸핏하면 충돌하니 백년해로를 기약하기 어렵다.

男水女土 = 토끼가 굴 속에서 숨어 있는 격(兎守其窟格)

土克水로 상극된 중에 아내가 남편을 업신여기는 상이다. 내 주장에 가정이 항시 시끄럽고 우환질고가 떠나지 않으니 우울한 나날을 보낼 뿐이다.

男火女金 = 용이 여의주를 잃고 조화를 부리지 못하는 격(龍失明珠格)

火克金이니 상극궁합이라 부부의 뜻이 서로 어긋나 날마다 싸우게 되고 가정이 불안하니 매사불성으로 재물은 눈 녹듯이 사라져 빈궁해진다. 뿐 아니라 자손도 두기 어렵거나 두더라도 불초하여 부모 근심을 끼치게 되리라.

男火女木 = 꽃동산에 봄이 돌아온 격(花園逢春格)

木生火라 상생궁합이니 부부가 화락하고 일생 이별이 없이 백년해로 한다. 뿐 아니라 자손 창성에 재물은 봄을 만난 초목과 같이 날로 번창하여 부귀영화를 누릴 것이다.

男火女木 = 깨진 배로 바다를 건너는 격(破船渡海格)

水火가 상극이니 물에 기름을 섞은것 같이 부부의 뜻이 매양 어긋난다. 동과 서로 나뉘어 거처하는 격이니 해로 하기 어렵고 중도에서 생이별하기 쉽다. 재물도 궁핍하고 자녀의 운도 나쁘다.

男火女火 = 섭을 지고 불 속에 들어가는 격(負薪入火格)

두불이 서로 만나니 불꽃이 치열하여 불타 재만 남는 상이다. 단 십년도 동거하기 어렵고 화재수로 재산을 날리며 자살소동이 일어나는 등 가장 불길한 궁합이니 취하지 마라.

男火女土 = 수하고, 부하고 자손도 많이 두는 격(壽富多男格)

火生土로 상생궁합. 부부가 화목하게 백년해로한다. 재물도 족하고 가정도 원만할 것이오 일생 질병 없이 건강한 몸으로 부귀를 누리리라.

男土女金 = 원앙이 서로 만난격(鴛鴦相逢格)

土生金이라 궁합 가운데 가장 이상적인 궁합이라 하겠다. 소위 부창부수(夫唱婦隨)니 남편은 사랑하고 아내는 남편을 존경하여 가도가 바르게 세워진다. 재물이야 말해 무엇하랴. 부부 일심이니 아니되는 일 없이 날로 발전하여 석숭같은 부자가 부럽지 않으리라.

男土女木 = 대들보가 부러지고 집이 무너진 격(棟折屋頹格)

木克土라 아내가 남편을 극하는 궁합이니 가장 불길하여 부부불화로 가정이 시끄럽지 않으면 중도에 파탄을 일으킨다. 만약 이러한 궁합으로 혼처가 나서거든 아예 거절하고 다른 곳을 구하라. 한 번 잘 못 만나면 서로가 불행하니라.

男土女水=바위 위로 말이 달리는 격(馳馬岩上格)

土克水로 상극이니 부부 불화하고, 아내의 질병으로 재산을 거의 날리며, 집안이 차츰 기울어 간다. 일생 되는 일이 적고 엉뚱한 변괴가 자주 일어나니 조용하고 편안할 날이 없다.

男土女火=꾀꼬리가 버들가지 위에 앉은 격(鶯上柳枝格)

土生金으로 상생이 되니 항시 봄바람 같이 훈훈하다. 부부 금슬이 다정함은 물론이요 해마다 경사가 이르고 부귀영화를 누리면서 해로 한다.

男土女土=모란이 곱게 핀 격(牧丹開發格)

양토(兩土)가 상합하니 부부의 뜻이 맞고 상부상조(相扶相助)하면서 백년을 해로 한다. 비록 부모의 유산이 없더라도 합심으로 자수성가하여 중년 이후로는 전답을 즐비하게 장만하리라.

② 구궁궁합(九宮宮合)

이 궁합법은 상·중·하원(上中下元)으로 분류해서 보게 되었으나 여기에서는 중원갑(中元甲)에 태어난 남녀를 기준 수록한다. 왜냐하면 상원갑(上元甲)은 서기 一八六四年 甲子에서 一九二三年 癸亥까지 해당되므로 불필요한 것이고 하원갑(下元甲)은 서기 一九八四年 甲子부터이므로 아직 나이가 어려 결혼연령에 이르려면 앞으로 二十年은 지나야 한다. 단 중원갑(中元甲)은 一九二四年 甲子에서 一九八三年 癸亥까지이므로 중원갑에 한해서만 수록해도 참고하는데 불편이 없기 때문이다.

巽	離	女甲子 (逆) 坤
震	中	兌
艮	男甲子 (順) 坎	乾

남자는 甲子를 감궁(坎宮)에 붙여 九宮을 거꾸로 돌리고 여자는 곤궁(坤宮)에 甲子를 붙여 九宮을 순으로 돌려 나가다가 출생한 생년태세(生年太歲)에 이르는 곳의 쾌(卦)를 기준하여 一上生氣 二中天醫 식으로 생기복덕 짚은 요령과 같이 한다. (만일 태세가 中

宮에 들면 남자는 坤宮으로 따지고 여자는 艮宮으로 따진다. 생기(生氣)·복덕(福德)·천의(天醫)는 대길하고 본궁(本宮-즉 歸魂)은 평상하며 절체(絶體)와 유혼(遊魂)은 해가 없고 화해(禍害)·절명(絶命)이면 대흉하다. 이상의 요령을 직접 알아보기 쉽게 아래와 같이 조견표를 작성한다.

○ 구궁궁합 조견표

男子의 生 \ 女子의 生	甲子 癸酉 壬午 辛卯 庚子 己酉 戊午 坤	乙丑 甲戌 癸未 壬辰 辛丑 庚戌 己未 震	丙寅 乙亥 申甲 癸巳 壬寅 辛亥 庚申 巽	丁卯 丙子 乙酉 甲午 癸卯 壬子 辛酉 中	戊辰 丁丑 丙戌 乙未 申辰 癸丑 壬戌 乾	己巳 戊寅 丁亥 丙申 乙巳 甲寅 癸亥 兌	庚午 己卯 戊子 丁酉 丙午 乙卯 艮	辛未 庚辰 己丑 戊戌 丁未 丙辰 離	壬申 辛巳 庚寅 己亥 戊申 丁巳 坎
甲子 癸酉 壬午 辛卯 庚子 己酉 戊午 坎	절명	복덕	생기	천의	유혼	화해	천의	절체	귀혼
乙丑 甲戌 癸未 壬辰 辛丑 庚戌 己未 離	유혼	생기	복덕	화해	절명	천의	화해	귀혼	절체
丙寅 乙亥 甲申 癸巳 壬寅 辛亥 庚申 艮	생기	유혼	절명	귀혼	복덕	절체	귀혼	화해	천의
丁卯 丙子 乙酉 甲午 癸卯 壬子 辛酉 兌	복덕	절명	유혼	절체	생기	귀혼	절체	천의	화해
戊辰 丁丑 丙戌 乙未 甲辰 癸丑 壬戌 乾	절체	천의	화해	복덕	귀혼	생기	복덕	절명	유혼
己巳 戊寅 丁亥 丙申 乙巳 甲寅 癸亥 中	귀혼	화해	천의	생기	절체	복덕	생기	유혼	절명
庚午 己卯 戊子 丁酉 丙午 乙卯 巽	천의	절체	귀혼	절명	화해	유혼	절명	복덕	생기
辛未 庚辰 己丑 戊戌 丁未 丙辰 震	화해	귀혼	절체	유혼	천의	절명	유혼	생기	복덕
壬申 辛巳 庚寅 己亥 戊申 丁巳 坤	귀혼	화해	천의	생기	절체	복덕	생기	유혼	절명

가령 庚子生 男子와 辛丑生 女子는 복덕궁합이니 길하고, 남자 癸卯生과 여자 戊申生은 화해궁합이 되어 대흉하다. 그 외에도 같은 요령으로 남자(上)와 여자(下)의 생을 대조하여 어느 궁합에 해당하는가를 본다.

③ 기　　타

○ 원진살(怨嗔殺)

남녀 궁합에 원진이 되면 부부간에 정이 없거나 심한 경우 이별수도 있다한다. 아래와 같다.

子-未(쥐띠와 양띠), 丑-午(소띠와 말띠), 寅-酉(범띠와 닭띠), 卯-申(토끼띠와 원숭이띠), 진-해(용띠와 돼지때), 巳-戌(뱀띠와 개띠)

○ 가취멸문법(嫁聚滅門法)

남녀 혼인에 될 수 있으면 아래에 해당되는 생월끼리 피하는게 좋다고 한다. 이는 소위 재산이 흩어지거나 자손이 창성하지 못한다는 것으로 다른 궁합이 모두 나쁘고 이에 해당하면 멸문(滅門)의 재앙도 이를 수 있다 한다.

正月女와 九月男,　　二月女와 八月男,　　三月女와 五月男,

四月女와 六月男,　　五月女와 正月男,　　六月女와 十二月男,

七月女와 三月男,　　八月女와 十月男,　　九月女와 四月男,

十月女와 十一月男

8. 택일문(擇日門)

(1) 생기복덕법(生氣福德法)

어떤 택일을 막론하고 첫째 주인공의 생기, 복덕의 길일부터 맞춘 뒤에 해당부분의 길일과 합국(合局)해야 한다. 그러므로 먼저 남녀 생기복덕법을 수록한다.

원래 이 생기복덕법은 조견표에 의하지 않고 암기법(暗記法)으로 따져 보는 방법이 있다.

즉 남자는 一세를 離宮에 붙여 二세만은 坤을 건너 뛰고 兌, 三세 乾, 四세 坎, 五세 艮, 六세 震, 七세 巽, 八세 離, 九세 坤, 十세 兌, 이렇게 계속 돌리면 二十세에는 坎, 三十세에는 震, 四十세에 離, 五十세에 兌, 六十세에 坎,

七十·세에 震宮이 닿고, 여자는 一세를 坎에 붙여 八方을 거꾸로 돌린다. 즉 二세 乾, 三세 兌, 四세 坤, 五세 離, 六세 巽, 七세 震, 八세만은 艮을 건너 坎에 이르고, 九세 乾, 十세 兌, 이렇게 계속 돌려나가면 二十에 離, 三十에 震, 四十에 坎, 五十에 兌, 六十에 離, 七十에 震, 八十에는 坎宮에 닿는다.

7 15 23 31 39 47 55 63 71 79	1 8 16 24 32 40 48 56 64 72	9 17 25 33 41 49 57 65 73
6 14 22 30 38 46 54 62 70 78	**男 子**	2 10 18 26 34 42 50 58 66 74
5 13 21 29 37 45 53 61 69 77	4 12 20 28 36 44 52 60 68 76	3 11 19 27 35 43 51 59 67 75

6 13 21 29 37 45 53 61 69 77	5 12 20 28 36 44 52 60 68 76	4 11 19 27 35 43 51 59 67 75
7 14 22 30 38 46 54 62 70 78	**女 子**	3 10 18 26 34 42 50 58 66 74
15 23 31 39 47 55 63 71 79	1 8 16 24 32 40 48 56 64 72	2 9 17 25 33 41 49 57 65 73

위 남녀 연령배치도를 참고하라.

그리하여 해당되는 연령이 닿는 곳의 괘(卦)의 몽양을 손으로 만들어 一上生氣부터 시작하여 二中天醫, 三下絶體, 四中遊魂, 五上禍害, 六中福德, 七下絶命, 八中歸魂의 순서로 떼어져 있는 것은 붙이고, 붙은 것은 펴면서 日辰과 같은 卦의 모양이 이루어 질때 불러지는 것이 바로 그 일진에 해당하는 생기·복덕신이다. 가령 남자 五十세라면 나이가 태궁(兌宮)에 닿고 兌는 兌上絶이라, 손가락 兌上絶의 모양에서 일상생기 부르면서 上指를 붙이면 乾三連이 되니 戌亥日은 생기요, 이중천의 부르면서 中指를 떼면 離虛中이 되니 午日은 천의요, 三下節體 부르면서 下指(藥指)를 떼면 艮上連이 되니 丑寅日은 절체요, 四中遊魂 부르면서 中指를 붙이면 巽下絶되니 辰巳日은 유혼이오, 五上禍害 부르면서 上指를 떼면 坎中連이 되니 子日은 화해요, 六中福德 부르면서 中指를 떼면 坤三絶이 되니 未申日은 복덕이오, 七下絶命 부르면서 下指를 붙이면 震下連이 되니 卯日은 절명이요, 八中遊魂 브르면서 中指를 붙이면 兌上絶이 되니 酉日은 귀혼이다.

子日-坎中連, 丑寅日-艮上連, 卯日-震下連, 辰巳日-巽下絶

午日-離虛中, 未申日-坤三絶, 酉日-兌上絶, 戌亥日-乾三連

이상과 같은 요령으로 생기법(生氣法)을 따져 아래와 같은 조견표를 만들었으니 위 요령에 이해가 어려우면 이 조견표에서 남녀 구분하여 직접 연령만 찾으면 어느 日辰에 무엇이 해당하는가를 쉽게 알 수 있을 것이다.

○ 생기 · 복덕 조견표

연령 / 구분	男子의 연령								女子의 연령							
연령	一	二	三	四	五	六	七		一	二	三	四	五	六	七	
	八	九	一〇	一一	一二	一三	一四	一五	八	九	一〇	一一	一二	一三	一四	一五
	一六	一七	一八	一九	二〇	二一	二二	二三	一六	一七	一八	一九	二〇	二一	二二	二三
	二四	二五	二六	二七	二八	二九	三〇	三一	二四	二五	二六	二七	二八	二九	三〇	三一
	三二	三三	三四	三五	三六	三七	三八	三九	三二	三三	三四	三五	三六	三七	三八	三九
	四〇	四一	四二	四三	四四	四五	四六	四七	四〇	四一	四二	四三	四四	四五	四六	四七
	四八	四九	五〇	五一	五二	五三	五四	五五	四八	四九	五〇	五一	五二	五三	五四	五五
	五六	五七	五八	五九	六〇	六一	六二	六三	五六	五七	五八	五九	六〇	六一	六二	六三
구분	六四	六五	六六	六七	六八	六九	七〇	七一	六四	六五	六六	六七	六八	六九	七〇	七一
	七二	七三	七四	七五	七六	七七	七八		七二	七三	七四	七五	七六	七七	七八	
생기(生氣)	卯	丑寅	戌亥	酉	辰巳	未申	午	子	辰巳	酉	戌亥	丑寅	卯	子	午	未申
천의(天醫)	酉	辰巳	午	卯	丑寅	子	戌亥	未申	丑寅	卯	午	辰巳	酉	未申	戌亥	子
절체(絶體)	子	戌亥	丑寅	未申	午	酉	辰巳	卯	午	未申	丑寅	戌亥	子	卯	辰巳	酉
유혼(遊魂)	未申	午	辰巳	子	戌亥	卯	丑寅	酉	戌亥	子	辰巳	午	未申	酉	丑寅	卯
화해(禍害)	丑寅	卯	子	辰巳	酉	午	未申	戌亥	酉	辰巳	子	卯	丑寅	戌亥	未申	午
복덕(福德)	辰巳	酉	未申	丑寅	卯	戌亥	子	午	卯	丑寅	未申	酉	辰巳	午	子	戌亥
절명(絶命)	戌亥	子	卯	午	未申	辰巳	酉	丑寅	未申	午	卯	子	戌亥	丑寅	酉	辰巳
귀혼(歸魂)	午	未申	酉	戌亥	子	丑寅	卯	辰巳	子	戌亥	酉	未申	午	辰巳	卯	丑寅

생기(生氣) · 천의(天醫) · 복덕일(福德日)은 대길하고, 절체(絶體) · 유혼(遊魂) · 귀혼일(歸魂日)은 평평하니 생기 복덕 천의일을 가리기 어려울 경우 사용해도 무방하고, 오직 화해(禍害) · 절명일(絶命日)은 대흉하니 사용치 마라.

가령 남자 一세, 八세, 十六세, 二十四세 등은 卯日이 생기요 酉日이 천의,

子日이 절체, 未申日이 유혼, 丑寅日이 화해, 辰巳日이 복덕, 戌亥日이 절명, 午日이 귀혼이다. 그러므로 이상의 연령은 丑寅日(화해)과 戌亥日(절명)을 피하는것이 좋다.

(2) 혼인문(婚姻門)

① 혼인운 보는 법

○ 합혼개폐법(合婚開閉法)

이는 여자의 연령으로 몇살에 혼인하면 좋고 나쁜가를 보는 방법인데 대개운(大開運)에 혼인하면 결혼후 부부 화목하고, 반개운(半開運)에 혼인하면 부부 불화하며, 폐개운(閉開運)에 혼인하면 부부 이별하게 된다고 한다. 다음과 같다.

	大開:	十七	二十	二十三	二十六	二十九	三十二
子午卯生女	半開:	十八	二十一	二十四	二十七	三十	三十三
	閉開:	十九	二十二	二十五	五十八	三十一	三十四
	大開:	十六	十九	二十二	二十五	二十八	三十一
寅申巳亥生女	半開:	十七	二十	二十三	二十六	二十九	三十二
	閉開:	十八	二十一	二十四	二十七	三十	三十三
	大開:	十五	十八	二十一	二十四	二十七	三十
辰戌丑未生女	半開:	十六	十九	二十二	二十五	二十八	三十一
	閉開:	十七	二十	二十三	二十六	二十九	三十二

○ 혼인흉년(婚姻凶年)

아래에 해당되는 해에 혼인하면 불길하니 피하는것이 좋다.

子年生 男-未年 女-卯年　　　午年生 男-丑年 女-酉年
丑年生 男-申年 女-寅年　　　未年生 男-寅年 女-申年
寅年生 男-酉年 女-丑年　　　申年生 男-卯年 女-未年
卯年生 男-戌年 女-子年　　　酉年生 男-辰年 女-午年
辰年生 男-亥年 女-亥年　　　戌年生 男-巳年 女-巳年
巳年生 男-子年 女-戌年　　　亥年生 男-午年 女-辰年

② 혼인달 가리는 법

○ 살부대기월(殺夫大忌月)

다음에 해당되는 달에 혼인하는 여자는 결혼후 그 남편과 생이별 하는 수가 있다. 하니 피하는 것이 좋다.

子生女—正·二月, 丑生女—四月, 寅生女—七月,

卯生女—十二月, 辰生女—四月, 巳生女—五月

午生女—八·十二月, 未生女—六·七月, 申生女—六·七月,

酉生女—八月, 戌生女—十二月, 亥生女—七·八月

○ 가취월(嫁聚月)

혼인에 길한 달을 가리고 나쁜 달을 피하는 방법인데 단 여자의 생(生)으로 기준한다.

아래 표를 참고하라.

여자의 生 / 구 분	子生 午生	丑生 未生	寅生 申生	卯生 酉生	辰生 戌生	巳生 亥生	비 고
대리월(大利月)	六 月 十二月	五 月 十一月	二 月 八 月	正 月 七 月	四 月 十 月	三 月 九 月	大吉함
방매씨(妨媒氏)	正 月 七 月	四 月 十 月	三 月 九 月	六 月 十二月	五 月 十一月	二 月 八 月	혼인해도 무방함
방옹고(妨翁姑)	二 月 八 月	三 月 九 月	四 月 十 月	五 月 十一月	六 月 十二月	正 月 七 月	시부모가 없으면 무방함
방여부모(妨女父母)	三 月 九 月	二 月 八 月	五 月 十一月	四 月 十 月	正 月 七 月	六 月 十二月	친정부모가 없으면 무방함
방부주(妨夫主)	四 月 十 月	正 月 七 月	六 月 十二月	三 月 九 月	二 月 八 月	五 月 十一月	신랑에게 불길함
방여신(妨女身)	五 月 十一月	六 月 十二月	正 月 七 月	二 月 八 月	三 月 九 月	四 月 十 月	신부 자신에게 불길함

가령 자년생 여자라면 六月과 十二月에 혼인함이 가장 좋다. 또는 正月과 七月도 무방하며 시부모가 없으면 二月이나 八月에도 혼인하면 되고, 친정부모가 없으면 三月이나 九月에도 혼인할 수 있다. 단 四月 十月은 남편에게 흉하고, 五月 十二月은 자신에게 흉하니 혼인하지 말아야 한다.

③ 날짜 가리는 법

혼인에 좋은 날은 음양부장길일(陰陽不將吉日)이나 오합일(五合日)이 최상 길일이며, 다음에는 십전대길일(十全大吉日) 천은(天恩), 대명(大明)·모창(母倉) 천사(天赦)의 사대길일(四大吉一), 천롱(千聾)·지아일(地啞日) 그리고 천월덕(天月德)및 천월덕합일(天月德合日), 황도일(黃道日), 가운데서 두 세개의 길신을 합해 가리면 된다.

요령은 음양부장길일에서 우선 뽑고, 이 날이 생기법 등에 맞지 않아 곤란하거든 오합일을 택하고, 이 날도 마땅치 않거든 십전대길일이나 천은·대명·모창·천사일이나 천롱지일에서 뽑아 천월덕 및 천월덕합일과 같이 만나도록 하되 가급적 황도일을 겸하는 것이 좋다.

○ 음양부장길일(陰陽不將吉日)

正月＝丙寅　丁卯　戊寅　庚寅　辛卯

二月＝乙丑　丙寅　丙子　丁丑　戊寅　戊子　己丑　庚寅　庚子

三月＝甲子　丙子　乙酉　丙戌　丁酉　己酉

四月＝甲子　甲戌　丙子　丙戌　戊子　戊戌

五月＝癸酉　甲戌　癸未　甲申　乙酉　丙戌　乙未　丙申　戊戌　戊申

六月＝壬申　壬午　癸未　甲申

七月＝壬申　甲申　癸巳　乙巳

八月＝壬申　壬午　甲申　癸巳　甲午

九月＝庚午　辛巳　壬午　辛卯　癸巳　癸卯

十月＝庚午　庚辰　壬午　辛卯　壬辰　癸卯

十一月＝己巳　丁丑　庚辰　辛巳　己丑　庚寅　壬辰　辛丑　壬寅　丁巳

十二月＝丙寅　丙子　戊子　戊寅　庚寅　庚子

이상의 부장길일은 위 일진보다 더 있으나 혼인을 못하는천적(天賊)·수사(受死)·홍사(紅紗)·피마(披麻)·월살(月殺)에 해당하여 이를 뺀 나머지만 기록하였다.

○ 오합일(五合日)

즉 寅卯日이 모두 오합일인데 아래와 같다.

丙寅丁卯＝陰陽合　　戊寅己卯＝人民合　　庚寅辛卯＝金石合

壬寅癸卯＝江河合　　甲寅乙卯＝日月合

즉 丙寅 丁卯 戊寅 己卯 庚寅 辛卯 壬寅 癸卯 甲寅 乙卯 日을 오합일(五合日)
이라 한다.

○ 십전대길일(十全大吉日)

乙丑 丁卯 丙子 丁丑 己丑 辛卯 癸卯 乙巳 壬子 癸丑

○ 천은상길일(天恩上吉日)

甲子 · 乙丑 · 丙寅 · 丁卯 · 戊辰 · 己卯 · 庚辰 · 辛巳 · 壬午 · 己酉 · 庚戌 ·
辛亥 · 壬子 · 癸未 · 癸丑

○ 대명상길일(大明上吉日)

辛未 · 壬申 · 癸酉 · 丁丑 · 己卯 · 壬午 · 甲申 · 丁亥 · 壬辰 · 乙未 · 壬寅 ·
甲辰 · 乙巳 · 丙午 · 己酉 · 庚戌 · 辛亥

○ 천사상길일(天赦上吉日)

春—戊寅日　夏—甲午日　秋—戊申日　冬—甲子日

○ 모창상길일(母倉上吉日)

春—亥子日|　夏—寅卯日　秋—辰戌丑未日　冬—申酉日

○ 천롱일(天聾日)

丙寅　戊辰　丙子　丙申　庚子　壬子　丙辰

○ 지아일(地啞日)

乙丑　丁卯　己卯　辛巳　乙未　己亥　辛丑　癸丑　辛酉　辛亥

○ 천월덕(天月德) 및 합일(合日)

천덕(天德) · 월덕(月德)과 천덕합(天德合) · 월덕합일(月德合日)은 아래
와 같다. 이 날은 혼인 뿐 아니라 인간 백사에 다 길한 날이다.

구분 月別	正	二	三	四	五	六	七	八	九	十	十一	十二
천 덕	丁	申	壬	辛	亥	甲	癸	寅	丙	乙	巳	庚
천 덕 합	壬	巳	丁	丙	寅	己	戊	亥	辛	庚	申	乙
월 덕	丙	甲	壬	庚	丙	甲	壬	庚	丙	甲	壬	庚
월 덕 합	辛	己	丁	乙	辛	己	丁	乙	辛	己	丁	乙

○ 황 도(黃道)

황도는 길하고 흑도(黑道)는 흉신이다. 보는 법은 月로 日辰을 대조하고, 또는 日辰으로 時를 대조한다. 이 황도는 천강(天罡)·하괴(河魁)의 흉살을 능히 제화(制化)하는 길신이다. 그리고 혼인시간 및 모든 행사의 좋은 時를 가리려면 이 황도시(黃道時)를 적용함이 좋다.

가령 正月(寅月)이면 子丑辰巳戌日은 황도일이고 그 외는 흑도의 흉신이다. 또는 寅日이면 子丑辰巳未戌時가 황도가 드는 길한 신간이다.

구분 月로日·日로時	寅	卯	辰	巳	午	未	申	酉	戌	亥	子	丑
청룡황동(青龍黃道)	子	寅	辰	午	申	戌	子	寅	辰	午	申	戌
명당황도(明堂黃道)	丑	卯	巳	未	酉	亥	丑	卯	巳	未	酉	亥
천형흑도(天刑黑道)	寅	辰	午	申	戌	子	寅	辰	午	申	戌	子
주작흑도(朱雀黑道)	卯	巳	未	酉	亥	丑	卯	巳	未	酉	亥	丑
금궤황도(金櫃黃道)	辰	午	申	戌	子	寅	辰	午	申	戌	子	寅
대덕황도(大德黃道)	巳	未	酉	亥	丑	卯	巳	未	酉	亥	丑	卯
백호흑도(白虎黑道)	午	申	戌	子	寅	辰	午	申	戌	子	寅	辰
옥당황도(玉堂黃道)	未	酉	亥	丑	卯	巳	未	酉	亥	丑	卯	巳
천뇌흑도(天牢黑道)	申	戌	子	寅	辰	午	申	戌	子	寅	辰	午
현무흑도(玄武黑道)	酉	亥	丑	卯	巳	未	酉	亥	丑	卯	巳	未
사명황동(司命黃道)	戌	子	寅	辰	午	申	戌	子	寅	辰	午	申
구진흑도(句陣黑道)	亥	丑	卯	巳	未	酉	亥	丑	卯	巳	未	酉

④ 혼인에 꺼리는 날

다음과 같은 흉신일(凶神日)을 피한다.

월염(月厭)·염대(厭對)·천적(天賊)·수사(受使)·홍사(紅紗)·피마(披麻)·월살(月殺)·월파(月破)·매월 亥日, 남녀 본명일(本命日-가령 甲子生이면 甲子日)동지·하지 단오(端午)· 四月八日, 십악(十惡), 복단(伏斷), 화해(禍害), 절명일(絶命日), 천강(天罡), 하괴(河魁), 월기일(月忌日)

○ 천적·수사·홍사·피마·월살·월염·염대·월파·천강·하괴일

이상 흉신의 정국은 아래와 같다.

흉신 月別	正	二	三	四	五	六	七	八	九	十	十一	十二
천적(天賊)	辰	酉	寅	未	子	巳	戌	卯	申	丑	午	亥
수사(受死)	戌	辰	亥	巳	子	午	丑	未	寅	申	卯	酉
홍사(紅紗)	酉	巳	丑	酉	巳	丑	酉	巳	丑	酉	巳	丑
피마(披麻)	子	酉	午	卯	子	酉	午	卯	子	酉	午	卯
월살(月殺)	丑	戌	未	辰	丑	戌	未	辰	丑	戌	未	辰
월염(月厭)	戌	酉	申	未	午	巳	辰	卯	寅	丑	子	亥
염대(厭對)	辰	卯	寅	丑	子	亥	戌	酉	申	未	午	巳
월파(月破)	申	酉	戌	亥	子	丑	寅	卯	辰	巳	午	未
천강(天罡)	巳	子	未	寅	酉	辰	亥	午	丑	申	卯	戌
하괴(河魁)	亥	午	丑	申	卯	戌	巳	子	未	寅	酉	辰

월살(月殺)은 五合日이면 범해도 무방하고, 천강(天罡)·하괴(河魁)는 황도일(黃道日)과 같이 만나면 꺼리지 않는다.

○ 십악일(十惡日)

甲己年＝三月戊戌日, 七月癸亥日, 十月丙申日, 十一月丁亥日

乙庚年＝四月壬申日, 九月乙巳日

丙辛年＝三月辛巳日, 九月庚辰日

丁壬年＝없음　戊癸年＝六月丑日

○ 복단일(伏斷日)

이 복단일은 혼인 뿐 아니라 변소 짓고 젖떼는 일 이외는 백사 대흉하다. 다음과 같다.

子虛 丑斗 寅室 卯女 辰箕 巳房

午角 未張 申鬼 酉觜 戌胃 亥壁

가령 子日에 二十八宿의 虛宿과 같이 만나면 복단일인데 이를 다음과 같이 간단하게 나타낸다.

日 辰	子	丑	寅	卯	辰	巳	午	未	申	酉	戌	亥
요 일	日	木	火	土	水	日	木	月	金	火	土	水

가령 子日과 일요일이 같이 만나거나, 丑日에 木요일과 같이 만나면 복단일이 된다.

○ 월기일(月忌日)

매월 初五日 十四日 二十三日

이 월기일은 寅卯日과 같이 만나면 꺼리지 않는다.

○ 상부상처살(喪夫喪妻殺)

春-丙午·丁未日(상처)　冬-壬子·癸亥日(상부)

○ 고과살(孤寡殺)

亥子丑生 男은 寅日, 女는 戌日, 寅卯辰生 男은 巳日, 女는 丑日
巳午未生 男은 申日, 女는 辰日, 申酉戌生 男은 亥日, 女는 未日.

○ 가취대흉일(嫁聚大凶日)

春-甲子·乙丑日　夏-丙子·丁丑日　秋-庚子·辛丑日　冬-壬子·癸丑日

正五九月-庚日　二六十月-乙日　三七十一月-丙日　四八十二月-癸日

⑤ 혼인주당(婚姻周堂)

주당이 신랑이나 신부에 닿는 날은 혼인을 못한다. 만일 옹(翁)에 닿으면 신랑이 초례청에 처음 들어설 때 신부의 부친이 잠시 피하면 되고, 신부가 초례청에 처음 들어설때 신랑 부친이 잠시 피하면 된다. 고(姑)에[닿으면 신랑이 들어설 때 신부의 모친이 잠시 피하고, 신부가 들어설 때 신랑의 모친이 잠시 피하면 된다.

혼인일　　구분	一 九 十七 二十五	二 十 十八 二十六	三 十一 十九 二十七	四 十二 二十 二十八	五 十三 二十一 二十九	六 十四 二十二 三十	七 十五 二十三	八 十六 二十四
大月(三十日)	夫	姑	堂	翁	第	竈	婦	廚
小月(二十九日)	婦	竈	第	翁	堂	姑	夫	廚

　달이 크면(大月—三十日) 夫자에 一日을 붙여 시계방향으로 혼인 날자까지 돌려 짚고 달이 작으면(小月—二十九日) 婦자에 一日을 붙여 혼인 날자까지 돌려 짚는다.

　당(堂)은 안방, 주(廚)는 부엌, 조(竈)는 부뜨막, 제(第)는 처마안의 모든 곳이니 모든 사람들이 이러한 곳에서 밖으로 나와 잠시 피하면 된다. 단 현재는 예식장에서 혼례식을 올리므로 참작하기 바란다.

⑥ 약혼에 좋은 날

　아래 일진이나 길신에 약혼하거나 사주(四柱)또는 채단을 보내면 길하다.

　乙丑 丙寅 丁卯 辛未 戊寅 己卯 庚辰 丙戌 戊子 己丑 庚寅 辛卯 壬辰 癸巳 乙未 戊戌 辛丑 壬寅 癸卯 甲辰 丙午 丁未 庚戌 壬子 癸丑 甲寅 乙卯 丙辰 丁巳 戊午 己未日과 황도 삼합 육합 오합 천덕 월덕 천월덕합 월은 천의 정·성·개일

(3) 생활택일(生活擇日)

제사(祭祀)와 고사(告祀)·기도(祈禱)

　제사및 고사 그리고 기도 드리는데 좋은 날과 꺼리는 날은 아래와 같다.

　○ 길일(吉日)

　壬申 乙亥 丙子 丁丑 壬午 癸未 丁亥 己丑 辛卯 壬辰 甲午 乙未 丁酉 甲辰 戊申 壬子 乙卯 丙戌 戊午 壬戌 癸亥日및 황도·천은·천사 천덕 월덕·천월덕합일 모창·월재·생기 복덕 천의일(이상의 길신은「신살정국」을 참고하라.)

　○ 꺼리는 날

　천구일(天狗日) 및 천구하식시(天狗下食時—子日亥時·丑日子時·寅日丑

-325-

時・卯日寅時・辰日卯時・ 巳日辰時・午日巳時・未日午時・申日未時・酉日申時・戌日酉時・亥日戌時), 五日 十四日 二十三日, 천적・수사・복단일 화해 절명일

(복단일은 혼인문에 기록되어 있고 기타는 신살정국을 참고하라.)

[참고]

이하 모든 길신과 흉신 등은 아래기록하는 신산정국(神殺定局)을 차고하면 된다.

① 여　행(旅行)

좋은 날＝甲子 乙丑 丙寅 丁卯 戊辰 庚午 辛未 甲戌 乙亥 丁丑 己卯 甲申 丙戌 己丑 庚寅 辛卯 甲午 乙未 庚子 辛丑 壬寅 癸卯 丙午 丁未 己酉 壬子 癸丑 甲寅 乙卯 庚申 辛酉 壬戌 癸亥日과 역마 월재 천월덕 생기 사상 건・만・성・개일

꺼리는 날＝巳日 왕망・귀기・천적・수사・복단 위일(危日) 월기일

② 연　회(宴會)

회갑(回甲)・칠순(七旬)・팔순(八旬)・진갑(進甲) 및 기타의 경사에 날을 받아 손님들을 초대하여 잔치를 베풀고 주식(酒食)을 접대하는 행사를 말한다.

좋은 날＝주인공의 생기・복덕 천의일, 천덕・월덕 천월덕합, 三合・五合, 천은・월은・정(定)・성(成)・만(滿)・개일(開日) 또는 甲子 乙丑 丙寅 丁卯 戊辰 己卯 庚辰 辛巳 壬午 癸未 己酉 庚戌 辛亥 壬子 癸丑日

꺼리는 날＝酉日, 五日, 十四日 二十三日, 천적・수사 파일 수일 폐일 상삭
(上朔－甲年癸亥 乙年乙巳 丙年乙亥 丁年辛巳 戊年丁亥 己年癸巳 庚年己亥 辛年乙巳 壬年 辛亥 癸年 丁巳日)

③ 이　사(移徙)

좋은 날＝甲子 乙丑 丙寅 丁卯 己巳 庚午 甲戌 乙亥 丁丑 癸未 甲申 庚寅 壬辰 庚子 壬寅 癸卯 丙午 丁未 庚戌 癸丑 甲寅 乙卯 庚申 辛酉日 및 천덕월덕 천월덕합 천은 황도 모창 역마 월은 사상 만・성・개일

꺼리는 날＝복단・천적・수사・귀기・왕망・본명(本命－甲子生이 甲子日)・건・파・명・수일

손(太白殺)보는 법＝一・二日은 東, 三・四日은 南, 五・六日은 西, 七・八

-326-

日은 北, 九·十日은 없음.

○ 이사방위법

천록방(天祿方)은 관직에 길하고, 안손방(眼損方)은 눈병과 손재가 있고, 식신방(食神方)은 재산이 늘고, 증파방(甑破方)은 손재와 가정풍파가 일어나고, 오귀방(五鬼方)은 질병과 우환횡액이 생기고, 합식방(合食方)은 사업이 번창하고, 진귀방(進鬼方)은 괴변과 우환이 발생하고 관인방(官印方)은 관록이 오르거나 관직을 얻게 되고, 퇴식방(退食方)은 재물이 나가고 사업이 안된다.

아래는 이사방위를 쉽게 보는 표이니 남녀 구분하여 연령을 찾아 참고하라.

남자의 연령	방 위 보 는 곳									여자의 연령
	正東	東南	正南	西南	中央	正西	西北	正北	東北	
9 18 27 36 45 54 63 72 81	퇴식	천록	합식	관인	안손	증파	식신	진귀	오귀	10 19 28 37 46 55 64 73 1
8 17 26 35 44 53 62 71 80	관인	퇴식	오귀	진귀	천록	식신	안손	합식	증파	9 18 27 36 45 54 63 72 81
7 16 25 34 43 52 61 70 79	진귀	관인	증파	합식	퇴식	안손	철록	오귀	식신	8 17 26 35 44 53 62 71 80
6 15 24 33 42 51 60 69 78	합식	진귀	식신	오귀	관인	천록	퇴식	증파	안손	7 16 25 34 43 52 61 70 79
5 14 23 32 41 50 59 68 77	오귀	합식	안손	증파	진귀	퇴식	관인	식신	천록	6 15 24 33 42 51 60 69 78
4 13 22 31 40 49 58 67 76	증파	오귀	천록	식신	합식	관인	진귀	안손	퇴식	5 14 23 32 41 50 59 68 77
3 12 21 30 39 48 57 66 75	식신	증파	퇴식	안손	오귀	진귀	합식	천록	관인	4 13 22 31 40 49 58 67 76
2 11 20 29 38 47 56 65 74	안손	식신	관인	천록	증파	합식	오귀	퇴식	진귀	3 12 21 30 39 48 57 66 75
1 10 19 28 37 46 55 64 73	천록	안손	진귀	퇴식	식신	오귀	증파	관인	합식	2 11 20 29 38 47 56 65 74

④ 개업일(開業日)

좋은 날＝甲子 乙丑 丙寅 己巳 庚午 辛未 甲戌 乙亥 丙子 己卯 壬午 癸未 甲申 庚寅 辛卯 乙未 己亥 庚子 癸卯 丙午 壬子 甲寅 乙卯 己未 庚申 申酉日 및 천덕월덕·천은·월은 ·월재·역마·삼합·오합·육합·정(定) ·만(滿)·성(成)·개일(開日)

꺼리는 날＝천적·복단 월파·폐일·대소모(大小耗－春：壬子日, 夏：丙

戌·乙卯日, 秋：辛丑·戊午日, 冬：壬辰：辛酉日) 또는 春에 己酉日, 夏에 甲子日, 秋에 辛卯日, 冬에 壬辰日

9. 기조문(起造門)

(1) 성조운(成造運)

성조운이란 어느 나이에 집을 지면 좋고 나쁘며, 어느 해에 어떤 좌향(坐向)을 놓으면 좋으며, 또는 어느 생(生)이 어느 해에 집을 짓는 운이 맞는가 등을 보는 법이다.

① 나이로 운을 본다.

연령 一세를 곤궁(坤宮)에 붙여 八方을 순서로 배치하되 단 五세와 五十세는 中宮에 넣고 다음 순서가 나이로 닿는 곳이 감(坎)·이(離)·진(震)·태(兌)에 들면 성조 대길하여 중궁(中宮-醫四角)이나 간궁(艮宮-自四角)에 들면 대흉하며 건궁(乾宮)에 들면 부모사각(父母四角)이니 부모가 안계시면 집을 지어도 무방하고 곤궁(坤宮)에 들면 처자사각(妻子四角)이니 처자에게 흉하고(처자가 없으면 무방) 손궁(巽宮)에 들면 우마시각(牛馬四角)이니 이 나이에 측사(畜舍)를 짓지 아니한다.

午馬 四角 8 17 26 34 43 53 62	(吉)9 18 27 36 44 54 63	妻子 四角 1 10 19 28 37 46 56 64
(吉)7 16 24 33 42 52 61 70	醫四 5 15 25 35 45 50 角凶 55 65 75	(吉)2 11 20 29 38 47 57 66
自四 角凶 6 14 23 32 41 51 60 69	(吉)4 13 22 31 40 49 59 68	父母 四角 3 12 21 30 39 48 58 67

② 생(生)으로 운을 본다.

亥子生-甲己丁壬戊癸年吉,　　丑寅年-丙辛丁壬戊癸年吉,

卯辰生-乙庚丙辛丁壬年吉,　　巳午生-甲己乙庚丙辛年吉,

未申生-甲己乙庚戊癸年吉,　　酉戌生-甲己乙庚戊癸年吉

③ 좌향(坐向)으로 운을 본다.

子午卯酉年-辰戌丑未乙辛丁癸坐向吉

辰戌丑未年-寅申巳亥艮坤乾巽坐向吉

寅申巳亥年-子午卯酉壬丙庚甲坐向吉

艮寅乙辰丙午坤申辛戌壬子坐向-子寅辰午申戌 年月日時吉

甲卯巽巳丁未庚酉乾亥癸丑坐向-丑卯巳未酉亥 年月日時吉

④ 수조길년(修造吉年)

이는 나이와 좌향에 관계없이 (물론 右의 성조운을 맞춘다) 집 짓고 수리하는데 좋은 해다.

乙丑 戊辰 庚午 丙戌 己丑 庚寅 辛卯 癸巳 乙酉 乙未 戊戌 庚子 乙卯 丙辰 己未 庚申 辛酉 癸亥年吉

⑤ 날짜 가리는 법

집 짓고 수리하고 흙 붙이는 등의 일에 좋은 날은 아래와 같다.

甲子 乙丑 丙寅 己巳 庚午 辛未 癸酉 甲戌 乙亥 丙子 丁丑 癸未 甲申 丙戌 庚寅 壬辰 乙未 丁酉 庚子 壬寅 癸卯 丙午 丁未 癸丑 甲寅 丙寅 己未및 대공망일(大空七日—乙丑 甲戌 乙亥 癸未 甲申 乙酉 壬辰 癸巳 甲午 壬寅 癸卯 壬子日) 황도, 월공, 천월덕, 천은 사상 생기 옥우 금당, 천룡, 지아일

꺼리는 날＝천적 토온 토기 토금 토부 자랑 전살 건(建), 파(破), 수일(收日) 빙소와해(氷消瓦解) 천화일(天火日) 월파일(月破日)

⑥ 수리하거나 달아내는데 어느 방위를 손대지 못하는가

대장군방(大將軍方), 삼살상(三殺方), 태세방(太歲方), 세파방(歲破方), 신황(身皇), 정명방(定明方)

이상의 살방(殺方)은 아래와 같다.

○ 대장군, 삼살, 태세, 세파방

구분　연지	子	丑	寅	卯	辰	巳	午	未	申	酉	戌	亥
대장군방	酉	酉	子	子	子	卯	卯	卯	午	午	午	酉
삼 살 방	巳午未	寅卯辰	亥子丑	申酉戌	巳午未	寅卯辰	亥子丑	申酉戌	巳午未	寅卯辰	亥子丑	申酉戌
태 세 방	子	丑	寅	卯	辰	巳	午	未	申	酉	戌	亥
세 파 방	午	未	申	酉	戌	亥	子	丑	寅	卯	辰	巳

가령 태세가 子年이라면 酉方이 대장군방, 巳午未가 삼살방, 子方이 태세, 午方이 '세파방이니 酉, 巳午未子午方을 손대지 못한다.

○ 신황(身皇), 정명살(定明殺)

三元 연령\남녀	上元 身皇 남	上元 身皇 여	上元 定名 남	上元 定名 여	中元 身皇 남	中元 身皇 여	中元 定明 남	中元 定明 여	下元 身皇 남	下元 身皇 여	下元 定明 남	下元 定明 여
1 10 19 28 37 46 55 64 73	艮	中	坤	中	中	艮	中	坤	坤	坤	艮	艮
2 11 20 29 38 47 56 65 74	離	巽	坎	乾	乾	兌	巽	震	震	坎	兌	離
3 12 21 30 39 48 57 66 75	坎	震	離	兌	兌	乾	震	巽	巽	離	乾	坎
4 13 22 31 40 49 58 67 76	坤	坤	艮	艮	艮	中	坤	中	中	艮	中	坤
5 14 23 32 41 50 59 68 77	震	坎	兌	離	離	巽	坎	乾	乾	兌	巽	震
6 15 24 33 42 51 60 69 78	巽	離	乾	坎	坎	震	離	兌	兌	乾	震	巽
7 16 25 34 43 52 61 70 79	中	艮	中	坤	坤	坤	艮	艮	艮	中	坤	中
8 17 26 35 44 53 62 71 80	乾	兌	巽	震	震	坎	兌	離	離	巽	坎	乾
9 18 27 36 45 54 63 72 81	兌	乾	震	巽	巽	離	乾	坎	坎	震	離	兌

가령 中元의 남자 一세 十세 十九세 등은 中이 신황, 정명이오, 여자라면 艮方이 신황, 坤方이 정명살이다.

○ 上元＝一八六四年～一九二三年사이 출생한 者

○ 中元＝一九二四年～一九八三年사이 출생한 者

○ 下元＝一九八四年이후 출생한 者

10. 택일신살정국(擇日神殺定局)

황도(黃道), 천은(天恩), 대명(大明), 천사(天赦), 모창상길일(母倉上吉日), 천롱(天聾), 지아일(地啞日)과 복단일(伏斷日), 월기일(月忌日)은 위 혼인문(婚姻門)에서 참고 할것이며 기타는 아래에 수록한다.

① 세신정국(歲神定局)

세신(歲神)이란 태세(太歲)를 기준한 길흉신이니 아래와 같다.

구분 \ 歲支		子	丑	寅	卯	辰	巳	午	未	申	酉	戌	亥	비 고
吉神	天德合 천덕합	巽	庚	丁	坤	壬	辛	乾	甲	癸	艮	丙	乙	백사에 대길
	天德合 세월덕	申	乙	壬	巳	丁	丙	寅	己	戊	亥	辛	庚	우 동
	歲月德 세월덕	壬	庚	丙	甲	壬	庚	丙	甲	壬	庚	丙	甲	우 동
	月德合 월덕합	丁	乙	辛	己	丁	乙	辛	己	丁	乙	辛	己	양택 음택에 모두 길함
	驛馬 역마	寅	亥	申	巳	寅	亥	申	巳	寅	亥	申	巳	출행,이사,상업 및 매사에 길
凶神	大將軍 대장군	酉	酉	子	子	子	卯	卯	卯	午	午	午	酉	흙다루고 집고치 치는 일을꺼림
	劫殺 겁살	巳	寅	亥	申	巳	寅	亥	申	巳	寅	亥	酉	양택 음택에 모두 꺼림(三殺)
	災殺 재살	午	卯	子	酉	午	卯	子	酉	午	卯	子	酉	上 同(三殺)
	歲殺 세살	未	辰	丑	戌	未	辰	丑	戌	未	辰	丑	戌	上 同(三殺)
	坐殺 좌살	丁丙	乙甲	癸壬	辛庚	丁丙	乙甲	癸壬	辛庚	丁丙	乙甲	癸壬	辛庚	묘나 가옥의 坐를 놓지 아니함
	向殺 향살	癸壬	辛庚	丁丙	乙甲	癸壬	辛庚	丁丙	乙甲	癸壬	辛庚	丁丙	乙甲	묘나 가옥의 向을 놓지 아니함
	喪門 상문	寅	卯	辰	巳	午	未	申	酉	戌	亥	子	丑	여행 이사 및 상청설치를 꺼림
	吊客 조객	戌	亥	子	丑	寅	卯	辰	巳	午	未	申	酉	上 同
	歲破 세파	午	未	申	酉	戌	亥	子	丑	寅	卯	辰	巳	가옥수리및 묘의 坐놓은 것을꺼림

② 월가길신(月家吉神)

월간길신이란 月을 기준하여 정해지는 길신(吉神)인데 아래와 같다.

구분 \ 月別	正	二	三	四	五	六	七	八	九	十	十一	十二	비 고
天德 천덕	丁	申	壬	辛	亥	甲	癸	寅	丙	乙	巳	庚	造葬 및 上官百事에 다 형통
天德合 천덕합	壬	巳	丁	丙	寅	己	戊	亥	辛	庚	申	乙	이 방위에 집 수리 하면 만복이 이름

月德 월덕	丙	甲	壬	庚	丙	甲	壬	庚	丙	甲	壬	庚	천덕과 동일
月德合 월덕합	辛	己	丁	乙	辛	己	丁	乙	辛	己	丁	乙	월덕과 동일
月空 월공	壬	庚	丙	甲	壬	庚	丙	甲	壬	庚	丙	甲	집고치고, 벼슬구하는일에 길함
月恩 월은	丙	丁	庚	己	戊	辛	壬	癸	庚	乙	甲	辛	진정서, 소장, 민원서 제출에 좋음
月財 월재	九	三	四	二	七	六	九	三	四	二	七	六	이사, 안장에 사용하면 재물이 따름
生氣 생기	戊	亥	子	丑	寅	卯	辰	巳	午	未	申	酉	만사에 길, 天喜라고도 한다.
天醫 천의	丑	寅	卯	辰	巳	午	未	申	酉	戌	亥	子	병 고치고 침 맞고 치료하는데 대길
解神 해신	申	申	戌	戌	子	子	寅	寅	辰	辰	午	午	모든 흉살을 해제시켜 준다.
五富 오부	亥	寅	巳	申	亥	寅	巳	申	亥	寅	巳	申	집 짓고 수리하고, 안장하는데 길함
金堂 금당	辰	戌	巳	亥	午	子	未	丑	申	寅	酉	卯	집터 닦고 수리하고, 안택하고사에 길함
益後 익후	子	午	丑	未	寅	申	卯	酉	辰	戌	巳	亥	의 자녀를 세우거나 양자 정하는데 길
續世 속세	丑	未	寅	申	卯	酉	辰	戌	巳	亥	午	子	上 同
驛馬 역마	申	巳	寅	亥	申	巳	寅	亥	申	巳	寅	亥	출행 행선 이사 사업 등에 길함
天赦神 천사신	戌	丑	辰	未	戌	丑	辰	未	戌	丑	辰	未	모든죄를 사하여 줌
三合 삼합	戌午	亥未	子申	丑酉	寅戌	卯亥	辰子	巳丑	午寅	未卯	申辰	酉巳	약혼 계약 면회 등에 길함
六合 육합	亥	戌	酉	申	未	午	巳	辰	卯	寅	丑	子	우 동

③ 월가흉신(月家凶神)

달에 의한 흉신정국(凶神定局)은 아래와 같다.

구분＼月別	正	二	三	四	五	六	七	八	九	十	十一	十二	비 고
天罡 천강	巳	子	未	寅	酉	辰	亥	午	丑	申	卯	戌	매사흉이나 황도일이면 무방함
河魁 하괴	亥	午	丑	申	卯	戌	巳	子	未	寅	酉	辰	위와 같음
地破 지파	亥	子	丑	寅	卯	辰	巳	午	未	申	酉	戌	흙 다루고 광중짓는 것을 꺼림

羅 網 라 망	子	申	巳	辰	戌	亥	丑	申	未	子	巳	辰	혼인, 출생, 소송, 취임 등에 불리
滅 没 멸 몰	丑	子	亥	戌	酉	申	未	午	巳	辰	卯	寅	사람 죽어 장사지내는 모든일을 꺼림
天 狗 천 구	子	丑	寅	卯	辰	巳	午	未	申	酉	戌	亥	제사·고사등에 불길
往 亡 왕 망	寅	巳	申	亥	卯	午	酉	子	辰	未	戌	丑	출행, 행선, 취임 등에 불길
天 賊 천 적	辰	酉	寅	未	子	巳	戌	卯	申	丑	午	亥	백사에 불리함
受 死 수 사	戌	辰	亥	巳	子	午	丑	未	寅	申	卯	酉	고기잡고 사냥에만 길하고 그외는 불길
披 麻 피 마	子	酉	午	卯	子	酉	午	卯	子	酉	午	卯	혼인 이사에 불길
紅 紗 홍 사	酉	巳	丑	酉	巳	丑	酉	巳	丑	酉	巳	丑	혼인에 흉함
瘟瘟殺 온황살	未	戌	辰	寅	午	子	酉	申	巳	亥	丑	卯	집 짓고 문병하고 병 치료하는데 불길
歸 忌 귀 기	丑	寅	子	丑	寅	子	丑	寅	子	丑	寅	子	여행·이사·사람들이는 것을 꺼림
滅 亡 멸 망	丑	辰	未	戌	丑	辰	未	戌	丑	辰	未	戌	개업·건축등에 불리
地囊日 지랑일	庚午 庚子	癸未 癸丑	甲寅 甲子	己卯 己丑	戊辰 戊午	癸未 癸巳	丙寅 丙申	丁卯 丁巳	戊辰 戊子	庚子 庚戌	辛未 辛酉	乙酉 乙未	흙 다루고 우물파고 연못파는일 등을 꺼림
陰 差 음 차	庚戌	辛酉	庚申	丁未	丙午	丁巳	甲辰	乙卯	甲寅	癸丑	壬子	癸亥	혼인, 건축 및 장사지내는 일을 꺼림
陽 錯 양 착	甲寅	乙卯	甲辰	丁巳	丙午	丁未	庚申	辛酉	庚戌	癸亥	壬子	癸丑	음차와 동일
土 瘟 토 온	辰	巳	午	未	申	酉	戌	亥	子	丑	寅	卯	흙 다루는 일을 꺼림
土 忌 토 기	寅	巳	申	亥	卯	午	酉	子	辰	未	戌	丑	위와 같음
土 禁 토 금	亥	亥	亥	寅	寅	寅	巳	巳	巳	申	申	申	위와 같음
血 忌 혈 기	丑	未	寅	申	卯	酉	辰	戌	巳	亥	午	子	수술하고, 피 흘리는 일 등을 꺼림
血 支 혈 지	丑	寅	卯	辰	巳	午	未	申	酉	戌	亥	子	혈기일과 동일함
山 隔 산 격	未	巳	卯	丑	亥	酉	未	巳	卯	丑	亥	酉	산에 들어 사냥하고 나무 베는 것을 꺼림
地 隔 지 격	辰	寅	子	戌	申	午	辰	寅	子	戌	申	午	흙다루고, 씨앗심고 광중파는 것을 꺼림
天 隔 천 격	寅	子	戌	申	午	辰	寅	子	戌	申	午	辰	출행하고, 관직 구하는데 불리함

구분													비고
水隔 수격	戌	申	午	辰	寅	子	戌	申	午	辰	寅	子	배 타거나 물 건느는 것을 꺼림
天火 천화	子	卯	午	酉	子	卯	午	酉	子	卯	午	酉	부엌고치고, 상량하고 지붕덮는 것 忌
獨火 독화	巳	辰	卯	寅	丑	子	亥	戌	酉	申	未	午	상량, 개옥을 꺼림
遊火 유화	巳	寅	亥	申	巳	寅	亥	申	巳	寅	亥	申	약 달여 먹고 침구 등을 꺼림
長星 장성	七	四	六	九	十五	十	八	二	四	三	十七	九	매사에 불리
短星 단성	廿一	十九	十六	廿五	廿五	廿一	廿二	十八 十九	十六 十七	十四	廿三	廿五	혼인 취임, 구직등에 꺼린다
月破 월파	申	酉	戌	亥	子	丑	寅	卯	辰	巳	午	未	오직 파옥하는데 좋고 그외는 모두흉함
月殺 월살	丑	戌	未	辰	丑	戌	未	辰	丑	戌	未	辰	혼인, 기둥세우고 상량을 올리는데 꺼림
月厭 월염	戌	酉	申	未	午	巳	辰	卯	寅	丑	子	亥	출행, 혼인을 꺼림
厭對 염대	辰	卯	寅	丑	子	亥	戌	酉	申	未	午	巳	혼인식을 꺼림
飛廉殺 비염살	戌	巳	午	未	寅	卯	辰	亥	子	丑	申	酉	가축을 들이거나 축사 짓는데 꺼림
氷消瓦解 빙소화해	巳	子	丑	申	卯	戌	亥	午	未	寅	酉	辰	이사, 가옥 건축 등을 꺼린다.

④ 사시길신(四時吉神)

구분 四時	春	夏	秋	冬	구분 四時	春	夏	秋	冬
天貴(천귀)	甲乙	丙丁	庚辛	壬癸	相日(상일)	巳	申	亥	寅
四相(사상)	丙丁	戊己	壬癸	甲乙	守日(수일)	辰	未	戌	丑
時德(시덕)	午	辰	子	寅	官日(관일)	卯	午	酉	子
旺日(왕일)	寅	巳	申	亥	民日(민일)	午	酉	子	卯

春은 正·二·三月로 입춘부터 입하 전 까지이고, 夏는 五·六·七月로 입하부터 입추 전 까지이며, 秋는 七·八·九月로 입추부터 입동 전 까지이고, 冬은 十·十一·十二月로 입동부터 입춘 전 까지에 해당한다.

⑤ 사사흉신(四時凶神)

구분 / 四時	春	夏	秋	冬	구분 / 四時	春	夏	秋	冬
正四廢 정사폐	庚辛申酉	壬癸子亥	甲乙寅卯	丁丙巳午	天地轉殺 천지전살	卯	午	酉	子
傍四廢 방사폐	庚申辛酉	壬子癸亥	甲寅乙卯	丙午丁巳	天轉地轉 천전지전	乙卯辛卯	丙午戊午	辛酉癸酉	壬子丙子
四時大耗 사시대모	乙未	丙戌	辛丑	壬辰	劍鋒殺 검봉살	酉	子	卯	午
四時小耗 사시소모	壬子	乙卯	戊午	辛酉	四虛敗 사허패	己酉	甲乙	辛卯	庚午

○ 사 리(四離)

춘분, 하지, 추분, 동지, 전날(前日)

○ 사 절(四節)

입춘, 입하, 입추, 입동, 전일(前日)

⑥ 천상천하대공망일(天上天下大空亡日)

乙丑 甲戌 乙亥 癸未 甲申 乙酉 壬辰 癸巳 甲午 壬寅 癸卯 壬子

⑦ 기왕망일(氣往亡日)

이 날은 백사에 불리라 한다.

입춘후 七日, 경칩후 十四日, 청명후 二十一日, 입하후 八日, 망종후 十六日, 소서후 二十四日.

입추후 九日, 백로후 十八日, 한로후 二十七日, 입동후 十日, 대설후 二十日, 소한후 三十日.

⑧ 백기일(百忌日)

甲不開倉＝甲日에는 창고를 열어 재곡(財穀)을 출납하지 않는다.

乙不栽植＝乙日에는 나무를 심거나 묘목을 옮겨 심지 아니한다.

丙不修竈＝丙日에는 부뜨막을 고치지 아니한다.

丁不剃頭＝丁日에는 머리를 자르거나 이미용(理美容)을 아니한다.

戊不受田＝戊日에는 토지를 상속받거나 매입하지 않는다.

己不破卷＝己日에는 문서나 책 따위를 불태우거나 찢지 아니한다.

庚不經絡＝庚日에는 침(鍼)을 맞거나 뜸을 뜨거나 주사를 맞지 않는다.

辛不造醬＝辛日에는 간장 고추장 등을 담그지 아니한다.

壬不決水＝壬日에는 물길을 막지 아니한다.

癸不詞訟＝癸日에는 소장(訴壯)을 내지 아니한다.

子下問卜＝子日에는 점(占)을 묻지 아니한다.

丑不冠帶＝丑日에는 관례(冠禮)를 행하지 않는다.

寅不祭祀＝寅日에는 기일제(忌日祭)이외는 제사나 고사를 지내지 않는다.

卯下穿井＝卯日에는 우물을 파지 아니한다.

辰下哭泣＝辰日에는 졸곡(卒哭) 전이라도 곡(哭)소리를 내지 않는다.

巳不遠行＝巳日에는 먼 길 출생을 아니한다.

午不苫盖＝午日에는 지붕을 덮지 아니한다.

未不服藥＝未日에는 약을 달여먹지 아니한다.

申不安床＝申日에는 침상(寢床)을 설치하지 않는다.

戌不乞狗＝戌日에는 개를 들이지 아니한다.

亥不嫁娶＝亥日에는 혼례식을 올리지 아니한다.

◆ 편 저 ◆
윤 제 악

◆ 저 서 ◆
사주신비연구
택일명감
사주추명학
오술판단전서(공저)
사주소사전 외 다수

만법 **영비예방부적** 정가 24,000원

2015年 4月 15日 인쇄
2015年 4月 20日 발행

편 저 : 윤 제 악
발행인 : 김 현 호
발행처 : 법문 북스
〈한림원 판〉
공급처 : 법률미디어

152-050
서울 구로구 경인로 54길 4
TEL : (대표) 2636-2911, FAX : 2636~3012
등록 : 1979년 8월 27일 제5-22호
Home : www.lawb.co.kr

▮ ISBN 978-89-7535-312-3 93180